SeaEagle

SeaEagle

梁啟超：「王學絕非獨善其身之學。而救時良藥，未有切於是者。」
日本「軍神」東鄉平八郎，隨身攜有一方印章，上書：「一生伏首拜陽明」。

王陽明的心學

一生伏首拜陽明

廖春紅 著

序：點一盞心燈

乘坐飛機的人可以體驗到：飛機上升到一定高度，超越雷雨交加的雲層時，將會出現一種奇特的現象，往下看去，儘管雲層下面電閃雷鳴，下著傾盆大雨，雲層之上卻無一絲陰雲，充滿著朗朗陽光。這個時候的飛機，絲毫不受惡劣的外界環境影響，平穩地飛行著。

我們的心靈也是一樣，在一定的層面下，會有各種烏雲遮蔽心性的光明，使我們生活在黑暗的陰霾裡。然而，當我們的心靈超越一定的層面時，同樣會發現，其上晴空萬里，心靈獲得一種全新的自由。當我們帶著這種更高的精神境界和追求回到現實中時，智慧和聰明彷彿被提升到一個更高的層次，能用獨特的眼光來看事物，能發現一些以往不會注意到的細節規律，能承受更大的壓力和磨難，進而使自己的決策和行動似乎具有「神來之筆」。

早在戰國時期，孟子就提出「萬物皆備於我」這個觀點，認為萬物的知識和規律都是人們心中所具備的，一個人只要「盡心、養性、反求諸己」，就可以發現它們。又說：「**人之所不學而能者，其良能也；所不慮而知者，其良知也。**」認識並且掌握這種良知和良能有什麼好處？

王陽明認為，**人心本神，本自變動周流，本能開物成務，所以蔽累之者，只是利害毀譽兩端。如果我心不動，以順萬物之自然，只是觸機神應，就能夠發揮良知妙用**。在他看來，人們的「心」本來就有神奇的作用，如行雲流水般變動流轉於萬事萬物之中，反映各層次事物的客觀規律。如果人們可以靜下心來，就能發現其中的規律，而把事情完成得十分完美。我們心靈的能力之所以沒有被發揮出來，是由於它被各種詆毀和讚譽等利害關係遮蔽，如果可以摒棄「自我」的束縛，保持我心不動，順應萬物之自然對待各種事情，心靈就能根據其客觀規律，做出自己精準的判斷，將別人看似異常神奇的良知妙用發揮出來。

雖然人們心中包含無窮的智慧，具備認識萬物的知識與規律的能力，但是這種智慧和能力不是明白地擺放在那裡。因為每個人的心中雖然都有一個深藏的寶庫，潛力無窮，但是由於我們的心靈早已為物欲、私欲、人欲所蒙蔽，致使人們無法挖掘出自身的潛能，並且將其發揮出來。也就是說，如果一個人的心靈為自我和物欲蒙蔽，不僅無法獲得那種本能的智慧，就連基本的觀察判斷能力也會喪失。為了獲得這種高層次的智慧和能力，需要進行自我思想鍛鍊，即正心修身。

正確認識自己與天地自然的關係，是獲得更高智慧的前提。古人云：「不畏浮雲遮望眼，只緣身在最高層。」只有心靈達到一定的高度，才可以看到更深更遠的地方。心境提高了，智慧與能力和素質也會隨之提升。

然而，要讓心靈達到一定的高度，人們要以一顆虛靜清明的心去認真思考人生，正如儒家經典《大學》中所說：「定而後能靜，靜而後能安，安而後能慮，慮而後能得。」只有心靈達到寧靜而安穩的境界，人們才可以洞察萬物之規律。這個時候，考慮問題才會周詳，處理事情才會完善。正如王陽明所勸誡的：放鬆你的心，使你充盈的「天理」立刻就會出現在眼前。因為，真正的生活在內心，一切鬥爭皆是心戰。內心的強大，才是真正的強大。

點亮一盞心燈，釋放內心的光芒與力量，就可以修得一顆強大的內心，在浮躁的社會中獨享一份寧靜，此心不動隨機而動，進而獲得內心的充實與幸福。

目錄

第六章：吾日三省吾身——談自省

第九章：「苦難」是進步之階——談逆境

第十章：仁者，將心比心——談仁愛

第一章：挖掘人心「靈明」——談心力

自古以來的聖人都在講述一個真理：心為天地萬物之主。王陽明也不例外，因而他才說出「其發竅之最精處，是人心一點靈明」，並且在此基礎上開創心學。因此，我們不能小瞧自己的內心，它充滿人類最真實的渴望，也隱藏眾多不為人知的力量。洞悉心的力量，我們將會從心中獲取人生的幸福。

愛問：「至善只求諸心，恐於天下事理，有不能盡。」

先生曰：「心即理也。天下又有心外之事，心外之理乎？」

一天，王陽明的妹夫兼得意門生徐愛問了一個問題：「只在心中探求至善，恐怕不能完全闡明世上萬事萬物的道理吧？」對此，王陽明回答：「心就是天理，天理都在心中，世上哪裡還有存在於人心之外的事物和道理？」

心即理，心外無物，這是王陽明心學的核心思想。對「心外無物」這個問題，王陽明和好友同遊南鎮的時候，有一段著名的對話：朋友指著岩石中的一棵花樹，然後問：**「天下無心外之物，如此花樹，在深山中自開自落，於我心亦何相關？」**王陽明回答：**「你未看此花時，此花與汝心同歸於寂。你來看此花時，則此花顏色一時明白起來，便知此花不在你的心外。」**

可見，在王陽明看來，世界上一切問題，都可以在自己的心上得到答案。正如他在《詠良知》一詩中寫的：**「人人自有定盤針，萬化根源總在心。卻笑從前顛倒見，枝枝葉葉外頭尋。」**因此，「心」成為一種巨大能量的象徵。亦如美國著名作家露易絲・賀在書中寫的那樣：「我相信，每個人的身上都有一種力量，這種力量可以幫助我們擁有健康的身體、美好的友誼、美妙的職業，給我們帶來各種各樣的成功。首先我們要相信這種力量的存在，然後釋放一些不必要的障礙和生活方式，深入內心去感受這種力量，因為它知道什麼對我們是最好的。如果我們願意把生命交給至高的愛和支持我們的力量，就將擁有成功並且充滿愛的生命！」

現代的腦科學、心理學、生理學認為，人類的潛意識裡蘊藏著巨大潛能，但是不同程度地被各種消極心態所形成的「自我」壓抑著，使得這些潛能在平時無法顯現。但是如果人們的心理處於特定的狀態下，壓抑潛意識的消極因素解除了，內在的無窮潛能就可以激發出來。

有一位著名的心理學家，曾經做過一個實驗：

一個運動員的握力經由測量測出是一百磅，他在常態下調動全身的力量也無法使指針突破一百磅。一個高明的催眠師將這個運動員催眠至「喪失自我」的深層意識狀態，然後告訴他：「你擁有非常強大的力量，你的力量之大，連你自己也會吃驚。」當運動員在深層意識裡接受這個觀念後，再一次測量握力時，他非常輕鬆地使指針突破一百一十磅。

過程中，催眠師並未給他任何外界的實際力量，更沒有給他服用興奮劑等藥品，只是將他導引進入一種喪失自我的狀態中，讓他心靈深處的意識接受一個他擁有強大力量的觀念，就讓他把自身的潛能發揮出來。實際上，那種強大的力量和基本能力，始終存在於他的心性之中。

可見，只要排除舊的「自我」意識干擾，就可以發揮真正自我的力量。真正做到這一點，就會發現自己是一個強大的人，這就是人們經常說的：「內心的強大，才是真正的強大。」

現在很多人過於追求金錢、地位、名利等身外之物，忘記自己的心也需要一種高度。有時候，人們把那些可以幫助自己成功的學問當作讓心靈強大的法寶，但是成效甚微。原因就在於人們對這些大人物的模仿未得其精髓，只學其形未學其神。說穿了，如果沒有經歷和那些大人物一樣的心路歷程，只是模仿他們的行為是沒有用的，這也進一步論證「心」的重要性。

所以，人們在處理任何事情的時候，最好的方式就是全心探究其本質，於問題本身發掘內在聯繫。這樣一來，心性內在的巨大力量將會幫助我們發現規律找出答案，解決人生中的現實問題。

人之心體，本無不明。而氣拘物蔽，鮮有不昏……今必曰窮天下之理，而不知反求諸其心，則凡所謂善惡之機，真妄之辨者，捨吾心之良知，亦將何所致其體察乎？

王陽明認為，人心的本體原來是明白清楚的，可是由於氣量的拘束和物欲的蒙蔽，逐漸變得昏暗模糊。如果人們只是想要窮盡天下萬事萬物的道理，卻不向自己的內心探求，捨棄自我的良知，本心被蒙蔽，就看不清善惡的原因，無法體察到真假的異同。

只有蒙蔽本心的那些物欲被清除，讓本心恢復純明，才可以真正激發內心的巨大能量。這就要求人們的內心回歸到純樸自然的狀態，回到初來世間時頭腦空空的初心之境。具體做就是重返童心，做回心靈上的兒童，這也是李贄在王陽明的「本心」之上衍生出「童心說」的基礎。

關於童心，繼承王陽明思想的明代哲學家李贄首先做出以下解說：「**夫童心者，真心也……若失卻童心，便失卻真心；失卻真心，便失卻真人。**」在他看來，所謂童心，就是人類在最初未受外界任何干擾時，一顆毫無造作而絕對真誠的本心，不摻雜任何虛假的純真，是人類內心中的一念之本，是瞬間的「天真」。如果失去童心，就是失去真心；失去真心，也就失去做一個真人的資格。人們如果不以真誠為本，就永遠喪失完整的人格，內心的巨大能量也就被壓制了。

兒童，是人生的開始；童心，是心靈的本源。心靈的本源怎麼可以遺失？但是確實有許多人遺失童心。

當人們初臨世間的時候，只是一個頭腦空空的嬰兒，只懂得餓了要吃，睏了要睡，他們不懂得男女之間的色欲，不懂得功成名就和家財萬貫的榮耀，他們什麼都不知道，以一顆純真的初心，新奇地觀望這個世界，享受這個世界帶給他的每一絲歡樂。

隨著人們逐漸長大，原本純潔的心沾染上世俗的塵埃。在人們的啟蒙時期，透過耳聞目睹會獲得大量的感性知識，長大之後又學到更多的理性知識，這些後天得來的感性聞見和理性道理如果進入人們的心靈，童心也就失落了。久而久之，聽到和看到的道理和聞見日益增多，所能感知和察覺的範圍也日益擴大，進而明白美名是好的，就千方百計地去發揚光大；知道惡名是醜的，就挖空心思地來遮蓋掩飾，這樣一來，童心也就不復存在。

如果失去童心，說出的話，也是言不由衷；參與政事，也沒有真誠的出發點；寫的文章，也無法明白暢達。一個人如果不是胸懷美質而溢於言表，具有真才實學而自然流露，從他嘴裡連一句有道德修養的真話也聽不到。因為童心已失，後天得到的聞見道理已經進入心靈。

當你用虛假去面對世界時，世界回應的也只是虛假。因為人們如果以虛假為本，一舉一動也就無不虛假，由此去對假人說假話，正是投其所好；跟假人講假事，肯定信以為真；給假人談假文章，必然讚賞有加。這真是無處不假，就無所不喜！滿天下全是虛假，俗人哪裡還分辨得出真偽？在這個虛假的世界裡，看不到真相的人們難免做出錯誤的決定，走上錯誤的道路，做出錯誤的事情，而這一連串錯誤所累積而成的人生必將痛苦不堪。

想要擺脫虛假而痛苦的生活，必須尋回童心。從此時此刻起，開始重返童心，真實地面對自己，面對世界。

苟當其能，則終身處於煩劇而不以為勞，安於卑瑣而不以為賤。當是之時，天下之人熙熙皞皞，皆相視如一家之親……若一家之務，或營其衣食，或通其有無，或備其器用，集謀並力，以求遂其仰事俯育之願，惟恐當其事者之或怠而重己之累也。

在王陽明看來，如果一個人所在的工作適合自己，即使他一生從事繁重的工作也不認為辛苦，一生從事低下瑣碎的工作也不認為卑賤。那個時候，所有人都非常高興，親如一家。全天下的事情就像一個家庭的事務，大家群策群力，以實現贍養父母和教育子女的心願，都只怕自己承擔的事務做不好，因而盡心盡責。

這就是順應自己性情而生活的狀態！遺憾的是，這種美好的生活很難實現，因為人們很難認清自己的性情，也就難以發現適合自己的位置。之所以如此，是因為在這個物欲橫流的世界，人們的內心容易被物質遮蔽，看不清世界的真相，更看不清自己的優勢有哪些，劣勢有哪些，也就難以取長補短，做出適合自己的選擇。在不適合自己的位置上生活，人們很容易失去自我，成為別人利用的工具，或是金錢、名聲、地位等物欲的囚徒。

大多數人找不到適合自己的位置，是因為他們好高騖遠，只看到別人的成功，而忽視自己的局限，於是盲目模仿，最終帶來的只是失敗和痛苦，就像以下那隻不自量力的烏鴉一樣，成為別人的玩物。

一隻鷹從高崖上飛過，以非常優美的姿勢急速俯衝而下，把一隻羊羔抓走了。一隻烏鴉看見了，非常羨慕，心想：要是我也可以這樣去抓一隻羊，就不用每天吃腐爛的食物，那該有多好啊！於是，牠反覆練習鷹俯衝的姿勢，希望像鷹一樣也去抓一隻羊。

一天，這隻烏鴉覺得練習得差不多了，也從山崖上急速俯衝而下，猛撲到一隻羊身上，想把羊抓走。儘管牠拼命拍打翅膀，仍然飛不起來。牠想放棄羊飛走，但是牠的爪子卻被羊毛纏住了，怎麼都拔不出來。牧羊人看到以後，跑過去將烏鴉一把抓住，剪去牠翅膀上的羽毛，拿給家裡的孩子們玩耍。孩子們問這是什麼鳥，牧羊人回答：「這是一隻烏鴉，可是牠想當老鷹。」

如果你是一隻有強健爪子和翅膀的老鷹，就可以輕而易舉地抓起一隻羊羔飛走，如果你是一隻烏鴉，就不能這麼做，因為你只有弱小的爪子和翅膀。一隻用心生活的烏鴉，會為每天有腐爛的食物吃而高興萬分，因為牠深知這才是牠應該做的，這就是順應性情生活。

如何才可以順應性情生活？我們首先要觀察自己的性情。靜下心來，用心體會我們經歷的那些快樂或痛苦的事情，就可以得出結論：當我們感到快樂時，就是在順應我們的性情生活；當我們感到痛苦時，就是在違背我們的性情生活。如果我們在生活中體會到的快樂越來越多，我們的心就會變得越來越清明。

當我們的心變得通透無比時，我們就不會被引導到錯誤的位置上，因而可以順應性情生活：性情踏實的人從事衣食等勞作，性情靈活的人從事商業貿易等活動，性情細緻的人從事精巧的器具製造等工作，性情溫和智慧的人從事教育工作。每個人都可以找到並且一直做那些讓自己快樂的事情，這正是王陽明「致良知」的最佳展現。

先生曰：「人胸中各有個聖人，只自信不及，都自埋倒了。」因顧于中曰：「爾胸中原是聖人。」于中起，不敢當。

先生曰：「此是爾自家有的，如何要推？」于中又曰：「不敢。」

先生曰：「眾人皆有之，況在于中，卻何故謙起來？謙亦不得。」于中乃笑受。

在虔州時，王陽明曾經和弟子于中、陳九川、謙之一起探討學問。他對弟子們說：「每個人心中都有一個聖人，但是許多人因為自信心不夠，自己把聖人淹沒了。」然後，王陽明指著弟子于中說：「你心中本來有聖人。」于中慌忙站起來表示不敢當。王陽明卻說：「這是你本來就有的東西，為什麼要推辭？」于中回答：「不敢。」仍舊推辭。王陽明又說：「這是大家都有的，又不是你于中一人才有，為什麼要謙讓？這是不能謙讓的啊！」聽完這番話，于中才笑著接受。于中不敢接受「胸中本來有聖人」的事實，根源在於他沒有自信。

在王陽明看來，每個人都是神聖而偉大的，在內心中都有一個聖人般完美的自我；每個人都是天地間的一個奇蹟，只是我們不能相信自己，使這個「真正自我」的智慧和能力（即王陽明所說的「聖人」）被埋沒。雖然「真正自我」遠比現實中的自我優秀，但是我們從小就受到各種負面因素影響，使得真正的自我被遮蔽，我們看到的經常是不完善的自我。

即使我們從小到大聽過長輩無數次的教誨：「要對自己有信心，要有自信。」可是在關鍵時刻，我們還是會不由自主地懷疑自己：「我可以嗎？我真的可以嗎？」在這些自我懷疑中，機會一閃而過，於是我們又懊惱地抱怨：「如果當初堅持自己的看法就好了，自己是對的。」

由此可見，我們是多麼需要信心這種力量。因為信心是內心強大的力量，是來自生命力之中不屈不撓的韌性。孔子曾經說「仁者不憂，智者不惑，勇者不懼」，能做到不憂、不惑、不懼的人，內心必然是擁有強大力量，因此他們才可以不看重外在世界的紛繁變化，不在意個人利益的得與失，保持內心的強大與坦然，獨立傲然於世間。

世界著名的交響樂指揮家小澤征爾，就是因為強大的信心而一舉成名。

在一次世界性的指揮家比賽中，小澤征爾按照評審給的樂譜指揮演奏。過程中，他敏銳地發現不和諧的聲音，起初他以為是樂隊演奏有問題，就停下來重新指揮，但還是不對。再三考慮以後，他覺得是樂譜有問題，於是再次停下來向評審團提出自己的看法。這個時候，在場的作曲家和評審團等權威人士都堅持樂譜絕對沒有問題，是他錯了。面對眾多音樂大師和權威人士，小澤征爾思考再三，最後斬釘截鐵地大聲說：「不！一定是樂譜錯了！」話音剛落，評審席上的評審們立即站起來，對他報以熱烈的掌聲，祝賀他贏得這場比賽。

原來，這是評審們精心設計的「圈套」，用來檢驗指揮家在發現樂譜錯誤並且遭到集體否定之下，能否堅持自己的正確主張，不受權威干擾。前兩位參賽的指揮家雖然也發現錯誤，但是因為不相信自己的想法而附和權威的意見被淘汰，小澤征爾卻因為充滿自信而獲得冠軍。

許多人之所以做不到最優秀的自己，是因為他們對自己沒有信心，所以漫無目的地到處尋找別人的優點，而忽略發掘自己最優秀的一面。一再地否定自己，也就失去成為最優秀的自己的機會。正如蕭伯納所說：「**有信心的人，可以化渺小為偉大，化平庸為神奇。**」

在擁有信心的同時，我們要認清自己，不能盲目自信。每個人都有優點，信心就是在內心提醒自己看到自己的優點，進而把優點變成行動力，而不是明知做不到卻仍舊去做。

然不知心之本體原無一物，一向著意去好善惡惡，便又多了這分意思，便不是廓然大公。《書》所謂「無有作好作惡」，方是本體。

王陽明認為，如果人們在經過一番修習以後，還不知道心的本體原本是純淨無物的，一直執著於懲惡揚善，心裡就多了有意懲惡揚善的成分，人心的本體就不再是廣闊坦蕩的。《尚書》所說「不有意為善為惡」，才是心的本體。

對於心的本體，王陽明將其稱為「良知」。在他看來，每個人都有良知，甚至連強盜都有良知，因而聖凡賢愚的區別，並不在於有沒有良知，而在於良知是否被物欲所蒙蔽，以及良知被蒙蔽的程度深淺。

良知本身沒有善惡之分，只有當人們的良知被物欲蒙蔽時，人們才會受到物欲的驅使，對世界上的事物做出善（有利於自己）、惡（不利於自己）的區分，人們也逐漸開始以善為美、以惡為醜的生活，開始有意為善，或是為善不成而有意為惡。

然而，無論是有意為善還是有意為惡，都是扭曲良知。正如王陽明所說：「**心體上著不得一念留滯，就如眼著不得些子塵沙。些子能得幾多，滿眼便昏天黑地了。**」「**這一念不但是私念，便好的念頭亦著**

不得些子。如眼中放些金玉屑，眼亦開不得了。」意思是說，人們的心體上不能存留一絲雜念，就像眼裡揉不得一點沙子。一點沙子沒有多少，卻使人滿眼昏天黑地，看不清世界。這個念頭不僅是指那些惡的私念，就是好的念頭也不能存留。如果你在眼中放入一些金條，眼睛也會睜不開。王陽明以此勸誡人們要隨時保養自己的良知，不讓它被物欲沾染。

有意為善，就渴望回報，渴望受助之人可以「滴水之恩，當湧泉相報」。這個回報不僅是金錢上的回報，更多的是情感上的回報——美名。因此蒲松齡才說：「**有心為善，雖善不賞。**」在他看來，同樣是善行，如果是有心為之，就不應該賞。因為「有心之善」不是出於本心，即使是為行善而行善的真善（例如：吃齋念佛），因其本身已經包含某種受報答的期待（升天成佛），所以也不能被稱為「真善」，何況還有很多是同時已經伏下殺機的逢迎討好者的「偽善」？

清代文人蒲松齡在《聊齋．黎氏》中，描寫狼妖黎氏剛娶進門就是一副勤勞溫柔的慈母賢妻模樣，然而她的這種舉動都是偽善，是為了讓謝生放鬆警惕，為自己吃掉謝生的兒女做準備。所以賞有心之善，即難免有失察之嫌，又難免有縱惡之失。

蒲松齡又說：「無心為惡，雖惡不罰。」如果有人做出壞事，只要不是有意的，再加上及時誠懇地道歉，被傷害的人也會諒解。例如：你無意中踩了別人一腳，立即向對方說一句：「對不起。」對方往往會笑著回覆：「沒關係。」

犯錯是否要罰要看其動機，如果是非出本心的意外過失就不必受罰，只要「能改」就可以。《聊齋・蓮香》中的女鬼李氏與桑生相好，但是她身上的陰氣使桑生一病不起。因為李氏並無謀害桑生之心，所以不僅沒有受罰，還因為真誠讓桑生起死回生，最後兩人結為夫妻。

總之，無論「為善」還是「為惡」，它們所招致的「名」或「刑」都對自我的生命有害。刑罰不用說了，至於名聲，人們也往往為其所累：或是善事做起來就不得停止，疲敝精神；或是為了維護好名聲，增加許多不必要的作為，虛偽地背離自己的本性。因此，從生命的本真而言，「善」和「惡」不妨都放下，不有意為善為惡，以免「名」或「刑」的傷害。

我輩致知，只是各隨分限所及。今日良知見在如此，只隨今日所知擴充到底；明日良知又有開悟，便從明日所知擴充到底。如此方是精一功夫。

王陽明認為，人們探索心靈的奧秘，只是依據各自的能力盡力而為。今天探究到這樣的程度，就只依據今天所理解的延伸到底；明天，我們的心靈又有新的體悟，就從明天所理解的延伸到底。這樣才是專注於一個目標而踏實的功夫。

這其實就是在告誡人們：**修身養性也應該循序漸進**。因為每個人的天賦與領悟能力不同，如果要求資質差的人一開始就做高難度的事情，如何可以做得到？

所以，一定要循序漸進地進行，從小事做起。不管環境如何，只要持之以恆，就可以用最好的準備來應對機會的到來。

現實生活中，有很多人都不重視做細小的事情，總是認為小事不值得去做。其實，當下這一秒鐘的努力也許微不足道，但正是由無數個這樣的一秒鐘，構成每一分鐘、每一小時，甚至整個人生。

正如老子所說：「**合抱之木，生於毫末；九層之台，起於累土；千里之行，始於足下。**」合抱的大樹，是從細小的樹苗生長起來的；九層的高台，是從一堆堆沙土堆積而成的；千里的遠行，是從腳下第一步開始的。老子又說：「**圖難於其易，為大於其細。天下難事，必作於易；天下大事，必作於細。是以聖人終不為大，故能成其大。**」難事是由許多容易的事情累積而成的，大事是由許多細微之事組成的。天下的難事，必定是從每件容易的事情做起；天下的大事，必定是從每件看似微不足道的小事做起。

正是由於這個原因，成就偉大功業的聖人從來不會好高騖遠去做所謂的「大事」，而是紮實地從身邊的每件小事做起，將每件小事和容易的事情做到極致，最終做成大事。電話發明者貝爾的經歷，正是從眼前的事情做起而獲得成功的典型例子。

剛開始，貝爾並不是一個科學家或發明家，他也沒有想到要去發明電話，他只是一個聾啞學校的老師。在學校工作幾年以後，他與自己的一個聾啞學生產生感情，後來兩人結婚。妻子聽不到聲音，令貝爾感到很苦惱，於是他想發明一種工具，可以使妻子聽到自己說話。

在這個單純的目的驅使下，貝爾廢寢忘食地投入這項研究，他從眼前最細小的事情做起，著眼於解決當前許多具體的問題：先深入學習電學知識；在受到電報中運用電磁鐵完成電訊號和機械運動相互轉換的啟發下，開始設計電磁式電話；先把音叉放在帶鐵芯的線圈前，音叉振動引起鐵芯做相應運動；產生感應電流；電流訊號會到導線另一頭做相反轉換，變為聲訊號；再把音叉換成可以隨聲音振動的金屬片，把鐵芯改成磁棒……貝爾在反覆不斷的試驗中，解決許多小問題，最後發明電話，改變人們的生活，成為一個偉大的發明家。

美國波士頓大學的一位教授曾經對畢業生說：「大學生有一種危險，那就是關心其他的問題勝於關心眼前的問題。年輕人過於自信，把許多事情看得過於簡單而認為不值得用全部精力去做而導致失敗的例子屢見不鮮。」

這位教授所指出的，正是很多年輕人所存在的弊病。他們一心想做大事，想找一個既體面又賺錢的工作，卻不能認真地從眼前那些看似微不足道的瑣事做起，以打好日後做大事的基礎。所以，有志於成就一番事業的人，從現在就應該立志從當下的小事做起，日積月累，才可以不斷提升素質和增強能力，為實現自己的理想打下堅實的基礎。

第二章：難能可貴的狂者胸懷——談格局

在孔子的眼裡，狂者是志意高遠而行不掩言、富於進取、率性而動的人，這些志意高遠者的胸懷即是狂者胸懷，是儒家傳統的現實人格理想。推崇儒學的王陽明更是以狂者為自己現實的人格理想，因而無懼世人對他的毀譽，坦然面對政治生涯中的跌宕起伏，笑對生活的貧賤富貴，進而活出難能可貴的狂者胸懷。

先生曰：「我在南都已前，尚有些子鄉愿的意思在。我今信得這良知真是真非，信手行去，更不著些覆藏。我今才做得個狂者的胸次，使天下之人都說我行不掩言也罷。」

尚謙出曰：「信得此過，方是聖人的真血脈。」

王陽明曾經對弟子坦露心聲說：「我在來南京以前，還有一些當老好人的想法。但是現在，我確切地明白良知的是非，只要行動，再也不必有什麼隱藏。現在我才真正有敢作敢為的胸襟，即使天下人都說我言行不符，那也毫無關係。」

弟子薛尚謙不由得讚嘆：「先生有這樣的信念，才是聖人真正的血脈！」

無所畏懼，敢作敢為，獲得輕鬆灑脫，這正是王陽明所推崇的狂者胸懷。王陽明的狂者胸懷，不僅展現在「以成聖為第一等事」的遠大理想上，也展現在他在政治上對權貴的蔑視，他在學術上對權威（正統理學）的挑戰。聖狂交融，使其有別於正統理學所津津樂道的所謂純儒。聖人之境內含廟堂的取向，狂者氣象可以引向山林中的灑脫。在王陽明思想的深層，確實交織著廟堂與山林雙重情結，他有很強的入世意識，其一生的大部分時光，都是在經世實踐中度過的；但是同時又流露出對青山幽林的眷戀，正如他自己所說：**「我亦愛山仍戀官，同是乾坤避人者。」**也正是因為這份輕鬆灑脫的狂者胸懷，才使得王陽明的內心不為自己起伏的政治生涯所擾，專心修養自己的心性，全心全意致良知，既成為歷史上有名的軍事家，保護人民生活安寧；又成為心學的開山祖師，幫助人們獲得心靈的安寧和喜悅。

王陽明之所以活得輕鬆自在和超越灑脫，是因為他心裡不樹立任何概念，當事情發生的時候，他就事論事，不帶有自己的思想觀點，不賦予個人的特性和思想色彩。事情來了就安住在事情上，和事情融為一體，去面對它和處理它；處理完了，就安住在空明的覺知上，最終超越它。也就是所謂的**「有事就藉事練心，無事就藉境練心。」**這個「境」是指內在心靈的境界，例如：面臨恐懼或歡喜，自己是否有所動？看自己的念頭是如何起，從哪裡起，如何動，又到哪裡去。凡夫是「除境不修心」，聖人是「修心不除境」。

從細微處來說，想要獲得輕鬆灑脫，最好的辦法就是不問瑣事，不為瑣事所擾。

牛弘，隋朝大臣，不僅學術精湛，位高權重，而且性格溫和，寬厚恭儉。牛弘有一個弟弟牛弼，就沒有哥哥那麼謹言慎行。有一次牛弼喝醉酒，竟然把牛弘駕車的一頭牛用箭射死。牛弘回家時，其妻和他說：「小叔把牛射死了！」牛弘聽了不以為意，輕描淡寫地說：「那就製成牛肉乾吧！」待牛弘坐定後，其妻又提起此事：「小叔把牛射死了！」顯得非常著急，認為是一件大事，不料牛弘隨口又說：「已經知道了。」他若無其事，繼續讀自己的書，其妻只好不再說什麼。

明代著名作家馮夢龍評點此事說：「冷然一句話，掃卻婦道人家將來多少唇舌。」想要擺脫瑣事帶來的煩惱，最好的辦法就是放寬心胸。

人生的煩惱多半是自己尋來的，而且大多數人習慣把瑣碎的小事放大。其實，「月有陰晴圓缺，人有悲歡離合」，自然的威力，人生的得失，都沒有必要太過計較，太計較就容易受其影響。因此人們才說魔鬼不在心外，魔鬼就在自己的心中。就像王陽明說的：「**擒山中之賊易，捉心中之賊難。**」這樣看來，敵人就在自己心裡，自己的煩惱痛苦也就是自己的心魔，可以將其降伏者，也只有我們自己。

澄嘗問象山在人情事變上做功夫之說。

先生曰：「除了人情事變則無事矣。喜、怒、哀、樂非人情乎？自視、聽、言、動以至富貴、貧賤、患難、死生，皆事變也。事變亦只在人情裡，其要只在『致中和』，『致中和』只在『謹獨』。」

弟子陸澄曾經向王陽明請教關於陸九淵在人情事變上下功夫的學說。

王陽明回答：「除了人情事變，世界上再也沒有其他事情。喜、怒、哀、樂難道不是人情嗎？從看、聽、說、做，再到富貴、貧賤、患難、死生，都是『事變』。事變只在人情裡展現，它的關鍵是要做到『中正平和』，『中正平和』的關鍵就在於『慎獨』。」

所謂「慎獨」，是指人們在獨自活動無人監督的情況下，依然按照一定的道德規範行動，不做任何有違道德信念之事。自古以來，慎獨都被視為人們進行個人道德修養的重要方法，也是評定一個人道德程度的關鍵性環節。

對於慎獨，《大學》將其與「誠」結合起來：「**所謂誠其意者：毋自欺也，如惡惡臭，如好好色，此之謂自謙，故君子必慎其獨也！小人閒居為不善，無所不至，見君子而後厭然，掩其不善，而著其善。人**

之視己，如見其肺肝然，則何益矣。此謂誠於中，形於外，故君子必慎其獨也。」大意是說，君子應該內外一致，不自欺欺人。對於壞的東西要像厭惡腐臭的味道那樣，將其除掉；對待好的事物要像喜歡美麗的顏色那樣，力求得到。在一個人獨處的時候，君子也要做到不自欺。小人在無人監督的時候，什麼壞事都敢做，如果見到有道德的君子在旁邊，立刻遮掩，偽裝良善。這樣表裡不一，毫無益處。一個人內心的誠意有多少，很容易從他的外表展現出來。因此，人們務必在任何時候都謹慎而嚴格地要求自己，形成自覺的高尚品格。

元代學者許衡有一天外出辦事，走到半途，因為天氣炎熱，口渴難耐，正好路邊有一棵梨樹，行人們紛紛去摘梨解渴，只有許衡一個人不為所動。

這個時候，有人問他：「這麼熱的天氣，你一點也不口渴嗎？」

許衡說：「我其實很渴。」

那個人又問：「既然口渴，你為什麼不去摘梨吃？」

許衡回答：「那不是我的梨樹，我怎麼可以隨便亂摘梨吃？」

那個人笑他迂腐：「現在世道這麼亂，管它是誰的梨。」

許衡笑著說：「梨雖無主，我心有主。」

兩相比較，不難發現，那些摘梨的行人就像《大學》中所說的「小人」一樣，許衡卻可以秉持「慎獨」的精神，不去做那些違背內心良知的事情，因此他擔得起「君子」這個稱號。

現實生活中，經常有這樣的現象：一些人在眾人面前講究衛生，獨自一人的時候卻隨地亂丟垃圾；一些人在有員警執勤的時候遵守交通規則，如果路口沒有人就亂闖紅燈……這些現象都顯示：一個人在沒有外在監督而獨處的情況下，嚴於律己、遵道守德、恪守「慎獨」是十分必要的。

《中庸》上說：「**是故，君子戒慎乎其所不睹，恐懼乎其所不聞，莫見乎隱，莫顯乎微，故君子慎其獨也。**」意思是說，君子恐懼自己有什麼狀況沒有看見與聽見，內在的盲點經常會在陰暗處更顯著，因此君子更要慎重承擔自己具有獨立性的生命，不要懷著任何不良心態而自棄。

問：「叔孫武叔毀仲尼，大聖人如何猶不免於毀謗？」

先生曰：「毀謗自外來的，雖聖人如何免得？人只貴於自修，若自己實實落落是個聖賢，縱然人都毀他，也說他不著；卻若浮雲掩日，如何損得日的光明？若自己是個像恭色莊、不堅不介的，縱然沒一個人說他，他的惡慝終須一日發露。所以孟子說：『有求全之毀，有不虞之譽。』毀譽在外的，安能避得？只要自修何如爾。」

有人問：「《論語》記載叔孫武叔毀謗孔子，為什麼孔子也無法避免被人毀謗？」

王陽明說：「毀謗是從外面來的東西，雖然是聖人也無法避免。人貴在自我修養，假如自己確實是一個聖賢之人，縱然別人毀謗他，也不會對他有任何損害，就像浮雲遮蔽太陽，浮雲怎麼可能對太陽的光明有所損害？假如一個人只是一個表面端莊而內心醜惡的人，即使沒有一個人說他，他的醜惡總有一天也會暴露出來。所以孟子說：『有求全之毀，有不虞之譽。』毀謗和讚譽是外來的，怎麼可能避免？只要有自我修養，外來的毀譽就不算什麼。」

王陽明平定寧王朱宸濠的叛亂以後，天下毀謗和議論他的人越來越多，但是王陽明對此並不在意，只是持續修養自己的心性，盡心傳承「致良知」的思想。他深知「濁者自濁，清者自清」，當毀謗來臨時，不必特地去澄清，只需要自己心境坦蕩，謠言和毀謗就會不攻自破。

莊子在《莊子・齊物論》中寫道：「**大道不稱，大辯不言，大仁不仁，大廉不嗛，大勇不忮。道昭而不道，言辯而不及，仁常而不成，廉清而不信，勇忮而不成。**」意思是說，至高無上的真理是不必讚揚的，最了不起的辯說是不必言說的，最具仁愛的人是不必向人表示仁愛的，最廉潔方正的人是不必表示謙讓的，最勇敢的人是從來不會傷害別人的。總之，真理完全表露於外就不算是真理，逞言肆辯總有表達不到的地方，仁愛之心經常流露反而無法成就仁愛，廉潔到清白的極點反而不太真實，勇敢到隨處傷人也就不能成為真正勇敢的人。可以具備這五個方面的人，可謂是悟到做人之道。

蘇軾因為「烏台詩案」入獄，皇帝為了試探他，特地派人裝成犯人入獄，和蘇軾關在一起。白天吃飯時，這個人用言語挑逗他，蘇軾依舊吃得津津有味，回答：「任憑天公雷閃，我心巋然不動！」夜裡，他準備睡覺，這個人又挑撥說：「蘇學士睡這等床，豈不可嘆？」蘇軾不理會，倒頭就睡，而且鼾聲大作。

第二天一大早，這個人推醒他說：「恭喜大人，您被赦免了。」那一夜可是危險至極啊！蘇軾晚上如果有不能安睡的異樣舉動，這個人就有權力依照諭旨當下處死他！「君子坦蕩蕩，小人長戚戚」，要做到坦蕩不是一件容易的事情，我們也應該努力做一個坦蕩蕩的君子，努力修養自己的心性，讓自己在任何時候都可以安穩地睡覺。

俗語說：「明槍易躲，暗箭難防。」也許在很多時候，流言並非我們可以制止的，甚至是有人的地方就有流言。我們對待流言的態度就顯得特別重要，正如美國前總統林肯所說：**「如果證明我是對的，別人怎麼說我都無關緊要；如果證明我是錯的，即使花十倍的力氣來說我是對的，也沒有什麼用。」**這與王陽明對待毀謗的態度——遇謗不辯，如出一轍。

用坦然的心態來應對毀謗，毀謗最終會不攻自破。這是我們從聖人的思想中擷取的智慧，在現實生活中，擁有「不辯」的胸襟，就不會與別人針鋒相對，這才是擁有聖人智慧的表現。

問：「孔門言志，由、求任政事，公西赤任禮樂，多少實用！及曾皙說來，卻似耍的事，聖人卻許他，是意何如？」

曰：「三子是有意必。有意必，便偏著一邊，能此未必能彼。曾點這意思卻無意必，便是『素其位而行，不願乎其外。素夷狄，行乎夷狄；素患難，行乎患難。無人而不自得矣』。」

弟子陸澄問：「孔子的弟子談志向，子路和冉求想從政，公西赤想從事禮樂，多少都還有實際價值。曾皙所說卻像是鬧著玩的，孔子卻很讚賞他，這是為什麼？」

王陽明回答：「這是因為子路、冉求、公西赤三個人的志向都有主觀猜測和武斷絕對，有這兩種傾向，就會執著於一個方面，能做這個未必能做那個。曾皙的志向中沒有這兩種傾向，這就是『順其自然行事，不做超出條件的事情。身處夷狄之中，就做在夷狄之中能行之事；身處患難之中，就做在患難之中能行之事，因時因地制宜，無論什麼情況下都怡然自得』。」

這其實就是在告誡人們要順其自然地生活，不要做出超出自身條件的事情，以免招致失敗和痛苦。人生百年，可以完全順著自己想法而來的事情不多，所以先人說「不如意之事十有八九」，我們的一生中不可能永遠一帆風順。有些挫折和失敗不是個人力量可以控制的，在這些不如意的事情發生以後，唯一可以使我們的心靈保持平靜的方法就是保持一顆平常心，不強迫自己去做超出自身條件的事情。

陶淵明曾經說：「俯仰終宇宙，不樂復何如？」一個睿智之人不會抱著憂慮而愁眉不展。無論生活在什麼環境下，豁達之人都會用樂觀平和的心態面對生活。

順其自然地生活，才可以輕鬆地面對生活中遭遇的困難。

建設迪士尼樂園時，迪士尼先生為園中道路的設計大傷腦筋，所有各種設計方案都不盡如人意。迪士尼先生無計可施，一氣之下，他命人把空地都植上草坪後就開始營業。幾個星期過後，當迪士尼先生出國考察回來時，看到園中幾條蜿蜒曲折的小徑和所有遊樂景點巧妙地結合在一起，不覺大喜過望。他急忙喊來負責此項工作的傑克，詢問這個設計方案是出自哪位建築大師的手筆。傑克聽後笑著說：「哪裡來的大師，這些小徑都是被遊客踩出來的！」

努力追求，不得其道，順其自然，反而渾然天成。生活中似乎有一雙無形的手，操控世間的一切。它就像一個頑皮的孩子，你越是挖空心思去追求一樣東西，它越是設法不讓你得償所願，而當你放下心中的執念，聽從命運的召喚時，許多事情反而會水到渠成。

生命是一種緣，是一種必然與偶然互為表裡的機緣。許多事情無法為人事所掌控，正所謂謀事在人，成事在天，命運的機緣充滿無限的奧妙。面對生活的困境和內心的煩惱，我們如果可以順其自然，不去強求不屬於自己的東西，靜下心來，世間的一切煩惱與憂愁也將煙消雲散。

保持「隨時」、「隨性」、「隨喜」的心境，順其自然，以從容淡定的心態來面對人生，我們的生活就會有意想不到的收穫。順其自然者，當成大器，這正是王陽明所推崇的「狂而不狷」的修身養性之道。

此心光明，亦復何言

王陽明臨死之前說：「此心光明，亦復何言。」回顧他的一生，少年時期就立下大志，勤讀詩書。初入仕途被人陷害，貶謫龍場三年，吃盡人間之苦，身心大受打擊，卻也在此悟道，受用一生，而後屢次得志，名震天下。王陽明的一生波折與榮譽共生，他認為自己這一生不愧對百姓與國家，了無遺憾。

王陽明可以如此從容不迫地面對死亡，是因為他的一生雖然同流世俗卻沒有合汙，而是在辛勤地付出，為百姓和國家鞠躬盡瘁，真正實現「狂而不狷」的狂者胸懷。

古語云：**「處治世宜方，處亂世宜圓，處叔季之世當方圓並用；待善人宜寬，待惡人宜嚴，待庸眾之人當寬嚴互存。」**意思是說，處在太平盛世，待人接物應該嚴正剛直；處於天下紛爭的亂世，待人接物應該隨機應變和圓滑老練；處在國家即將衰亡的末世，待人接物要方圓並濟交相使用。對待善良的人，態度應該寬厚；對待邪惡的人，態度應該嚴厲；對待一般平民百姓，態度應該寬厚和嚴厲並用。

身處汙濁環境中的時候，如果可以保持「萬花叢中過，片葉不沾身」的操守，可以不失自我就不需急於撇清自己與這個世界的關係，才是真正的狂者胸懷，同流世俗而不合汙。

孫叔敖原本是一位隱士，被人推薦給楚莊王，三個月以後當上令尹（宰相）。他善於教化引導人民，因而使楚國上下和睦，國家安寧。

有一位孤丘老人很關心孫叔敖，特意登門拜訪，問他：「高貴的人往往有三怨，你知道嗎？」孫叔敖問：「您說的三怨是指什麼？」孤丘老人說：「爵位高的人，別人嫉妒他；官職高的人，君王討厭他；俸祿優厚的人，會招來怨恨。」孫叔敖笑著說：「我的爵位越高，我的心胸越謙卑；我的官職越大，我的欲望越小；我的俸祿越優厚，我對別人的施捨越普遍。我用這樣的辦法來避免三怨，可以嗎？」孤丘老人感到很滿意，於是離開了。

孫叔敖按照自己說的話去做，避免不少麻煩，但是並非一帆風順，他幾次被免職，又幾次復職。有一個叫肩吾的隱士對此很不理解，就登門拜訪孫叔敖，問他：「你三次擔任令尹，也沒有感到榮耀；三次離開令尹之位，也沒有露出憂色。我開始對此感到疑惑，現在看你的氣色又是如此平和，你的心裡到底是怎樣的？」

孫叔敖回答：「我認為官職爵祿的到來是不可推辭的，離開是不可阻止的。得到和失去都不取決於我自己，因此才沒有覺得榮耀或憂愁。況且我也不知道官職爵祿應該落在別人身上，還是應該落在我身上。落在別人身上，我就不應該有，與我無關；落在我身上，別人就不應該有，與別人無關。我的追求是隨順自然，悠閒自得，哪裡有時間顧得上人間的貴賤？」肩吾對他的話很欽佩。

孫叔敖沒有被免職和復職的風波擾亂心緒，而是物來則應和物去不留的淡然心境。為人處世，我們確實需要一顆方正的心。有圓無方，則謂之太柔，太柔之人缺筋骨乏魄力少大志，在生活中難以有作為；但是如果有方無圓，則性情太剛，太剛則易折。

「眾人皆濁我獨清，眾人皆醉我獨醒」，雖然有其清高自傲，但是很多時候經常只會換來屈原式的含恨離世，或是文人式的抑鬱不得志。與之相較，同流世俗不合汙，周旋塵境不流俗，或許是更明智的選擇。

所謂「慎獨」，是指人們在獨自活動無人監督的情況下，依然按照一定的道德規範行動，不做任何有違道德信念之事。

第三章：心之所向，終能抵達——談立志

所謂志，古人解釋為「心之所之，心之所向」。古往今來的學者，皆十分重視立志，王陽明尤其重視立志。在他看來，一個人如果胸無大志，即使有偉大的舉動也稱不上是偉人。如果一個人立志要學習聖賢的心性修養，遲早會達到聖賢的境界。如果每個人都可以確定人生的方向，並且在這個方向上堅持走下去，必將獲得幸福和成功。

志不立，天下無可成之事。雖百工技藝，未有不本於志者

王陽明作為一代大儒，對立志與人生的關係，有獨到的見解，他說：「一個人如果想做出一番事業，首先要立志，否則就會一事無成。即使是各種工匠技藝，也都要靠著堅定的意志才可以學成。」

人們經常說，一個人的理想往往決定他的高度。燕雀焉知鴻鵠之志，鴻鵠是要像大鵬那樣展翅翱翔於九天之高，盡收天下於眼中；燕雀沒有那麼遠大的理想，對可以觸及榆樹就已經心滿意足。

有高遠的志向，成就事業就有可能，所以立志是十分重要的。王陽明可以成為一位洞悉心靈奧秘而響徹古今中外的心學大師，正是在其志向的引領下，一步一步地走向成功。即使後來受到各種磨難，他也沒有放棄。不只是王陽明，自古每個有所成就的人物都為自己立下遠大的志向，告訴自己要去哪裡，然後朝著目標努力奮鬥。

班超是東漢時期傑出的軍事家和外交家，他從小胸懷大志，不拘小節。漢明帝永平五年（西元六二年），班超因為哥哥被聘為校書郎，而隨同母親一起來到洛陽。因為他寫得一手好字，就受官府僱用抄寫文書，以此謀生。為了將這份工作做好，班超天還沒有亮就起床，晚上很晚才睡。

當時，北方的匈奴經常侵犯漢朝邊境，班超十分憤慨。他又看到西域各國與漢朝已經斷絕來往五十多

年，心中非常憂慮。有一天，他正在抄寫文件，想起自己遠大的志向，忍不住站起來，將筆狠狠地擲在地上說：「大丈夫即使無法實現自己的理想，也應該像傅介子和張騫那樣，為國家做出貢獻，怎麼可以在這種抄寫的小事中浪費生命？」周圍的人聽到這番話都嘲笑他，班超回應說：「凡夫俗子怎麼可以理解志士仁人的襟懷？」於是，他決定「投筆從戎」，去做一番事業。

後來，他成為一名將領，在對匈奴的戰爭中取得勝利。接著，朝廷採取他的建議，派他出使西域，重新打通絲綢之路。他也因此成為中國歷史上傑出的外交家，名垂青史，萬古流芳。

班超投筆從戎，建立千秋功業，正是在於他沒有滿足於安穩的生活。他把自己的境界和志向提升到一定的高度，才可以做出名垂青史的成就。可見，有明確的人生志向對一個人是何等重要。

王陽明認為「**志不立，如無舵之舟，無銜之馬，飄蕩奔逸，亦何所底乎？**」明代思想家程顥也說：「**治天下者必先立其志。**」明代文學家馮夢龍也說：「**男人不展風雲志，空負天生八尺身軀。**」宋代文學家蘇軾也說：「**古之立大事者，不惟有超世之才，亦必有堅忍不拔之志。**」法國古典作家拉羅希福可曾經說：「**一個人如果胸無大志，即使有壯麗的舉動也稱不上偉人。**」英國作家薩姆納・邁爾斯也說：「**人若有志，萬事可為。**」由此可見，古今中外的成大事者都十分推崇志向對人生的引導作用。人生非常短暫，如果你不想虛度光陰，讓自己的人生富有意義，就必須要立志，而且還要早立志、立大志。

只念念要存天理，即是立志。能不忘乎此，久則自然心中凝聚，猶道家所謂「結聖胎」也。此天理之念常存，馴至於美大聖神，亦只從此一念存養擴充去耳。

王陽明作為「心學」的創始者，強調個人的主體意識和自主精神。他認為，只要心中不忘存天理，就是立志。不忘記這一點，久而久之，心自然會凝聚在天理上。如此將天理隨時銘記於心，逐漸達到宏大神聖的境界，也是從心中最初的意念不斷堅持並且發展下去。

「心之所想」雖然只是停留在腦海中的意識，看似虛無飄渺，卻有不可小覷的力量。王陽明所言的「念念要存天理」，就是用我們的意念影響我們的思維。心存念想的時候，就可以做到心無旁騖和專心致志；如果心無所思，則難以排除雜念，陷入胡思亂想之中。

「心之所想」的力量不止於此。在奮力追求成功的人生道路上，「想」成功是必不可少的前提條件。缺少這份「心之所想」的動力，或是受到外界干擾而無法將其堅持到底，則難以發揮自身潛在的能力，難以超越自我，挑戰極限。

明朝後期是中國歷代科技最輝煌的朝代，此時出現一位偉大的地理學家——徐霞客。他自幼就喜愛閱讀各類書籍，立志成人之後遍遊國家的大好山川。但是父親去世以後，老母無人照顧，徐霞客的遊覽計畫被打斷，終日悶悶不樂。母親看出他的心思，對他說：「男兒志在四方，怎麼可以為我留在家裡？」母親的支持，堅定徐霞客遠遊的決心。

徐霞客有勇氣和力量以後，就辭別母親開始遊歷。他先後遊歷太湖、洞庭湖、泰山、武夷山、五台山等名勝，並且記錄各地的奇風異俗和遊歷中的驚險經歷。徐霞客把全部精力放在遊歷考察事業上，他跋山涉水，探訪許多人跡罕至的地方，攀登懸崖峭壁，考察奇峰異洞。

在湖南茶陵，徐霞客聽說這裡有一個深不可測的麻葉洞，就決定去探訪。可是當地人說洞裡有神龍和妖精，沒有法術的人不能進去。剛走到洞口，嚮導得知徐霞客不會法術，就嚇得跑走了。徐霞客毫不動搖，獨自手持火把進洞探險。當他探訪岩洞出來的時候，等候在洞外的當地群眾紛紛向他鞠躬跪拜，把他當作有法術的神人。

徐霞客白天考察，晚上就藉著營火記錄當天的見聞。三十多年裡，他走遍大江南北，對曾經走過的地方的地理、地質、地貌、水文、氣候進行深入的調查，並且詳細記錄。徐霞客死後，由人們整理而成聞名世界的《徐霞客遊記》。

很多人雖然都心有所想，卻很少有人為了願望而堅持不懈地努力下去，因為總是會有來自外界各種各樣的干擾。每個人都嚮往成功，但是心有所想的同時還要排除外界的干擾，要在心裡不斷地提醒自己，不斷地朝著目標前進。雖然當我們想著「下次考試進步二十分」、「一個月減肥十公斤」、「畢業以後就要買房子」的時候，自己都不太相信，因為這些都是身邊無數人無法實現的目標。如果就這樣放棄，我們距離成功將會越來越遠。我們要相信自己的心之所想，清楚地告訴自己想要的是什麼，並且為之而努力奮鬥。最後我們會發現，所有的「我想」都變成「我要」和「我一定」。想都不敢想的事情，未必就是我們無法做到的事情。大膽地堅持心之所想，才會知道自己的潛力有多麼大。

不要在「心想事成」之前放棄最初的念想。成功不僅需要努力奮鬥，更需要一份堅持不懈的動力支持，最終將成為力之所及。

先生曰：「諸公在此，務要立個必為聖人之心，時時刻刻須是一棒一條痕，一摑一掌血，方能聽吾說話，句句得力。若茫茫蕩蕩度日，譬如一塊死肉，打也不知得痛癢，恐終不濟事，回家只尋得舊時伎倆而已，豈不惜哉？」

王陽明曾經對弟子說：「你們在這裡學習一定要立下做聖人的決心，隨時都要有一種『一棒打出一條傷痕，一掌打出一道血印』的精神，才可以在聽我講學的時候，感到句句有力，印象深刻。如果整天糊塗地混日子，好似一塊死肉一般，打也不知道痛，恐怕最終也學不到學問的精髓。回家以後，還是只能把以前的老方法拿出來用，這樣浪費時間，你們不覺得可惜嗎？」

拿破崙也說：「不想當將軍的士兵不是好士兵。」立下遠大志向也是至關重要的一環，有目標才會奮鬥，有好的目標才會有好的收穫。

王陽明從小就胸懷大志，即要讀書做聖賢之人。他十二歲那年在書院裡問老師：「何為第一等事？」老師回答：「唯讀書登第耳。」王陽明抱持懷疑的態度反駁：「登第恐未為第一等事。」老師反問他，什麼才是人生的頭等大事，王陽明說：「讀書學聖賢耳。」

王陽明在十二歲就認為登第當狀元只是外在的成功，而讀書做聖賢是追求內在的修養，才是永垂不朽的第一等事。在大人們看來，年幼的王陽明這樣的口氣未免有些張狂，甚至還帶著一些滑稽可笑的味道。但是這個崇高的志向，對王陽明以後的人生產生深遠的影響，在思考和實踐的過程中，他經常以此為標準來回答和解決遇到的問題。

一百多年前，在廣東香山翠亨村的一棵大樹下，一位老人正在給一群孩子講述太平軍的故事。故事剛講完，就有一個孩子站起來，稱讚太平軍首領洪秀全是反清英雄，並且發誓要做「洪秀全第二」。這個從小立志的孩子，就是孫中山。

無數個孩子聽過太平天國的故事，只有少年孫中山提出做「洪秀全第二」的夢想，為之奮鬥終生並且實現這個理想。

子夏篤信聖人，曾子反求諸己。篤信固亦是，然不如反求之切。今既不得於心，安可狃於舊聞，不求是當？就如朱子亦尊信程子。至其不得於心處，亦何嘗苟從？

王陽明曾經對學生徐愛說：「子夏虔誠地相信聖人，曾子卻反省探求自己。相信聖人固然不錯，但是沒有自己反省探求理解得深刻。你現在既然沒有搞清楚，怎麼可以因循舊說，不探求正確的答案？就以朱熹來說，他也尊崇相信程子，但是他對於心中不明白的地方，卻從來不會盲從。」由此可見，王陽明不贊成人們過於崇拜聖人，認為這樣容易禁錮自己的頭腦，在「因循舊說」中喪失自我思考的能力。

崇拜聖人，其實就是人們經常說的「偶像崇拜」。偶像崇拜自古有之，偶像的含義因為時代的變遷而有所不同。以傳統的儒學思想而言，更多的是比喻人們心目中具有某種神秘力量的象徵物。這種象徵物，既可以是塑造成形的佛像，也可以是活生生的人物。以其本質而言，偶像具有供人仿效和提供精神力量的積極作用，但是也可能導致崇拜者自主意識的迷失。

崇拜偶像是為了給自己樹立一個榜樣，進而完善自我。被視為偶像之人，他們以自身的成就為世人樹立榜樣，並非要壓倒眾人而獨佔鰲頭，而是希望後繼之人大膽超越，並且有所創新。如果在偶像崇拜的過程中迷失自我，盲目模仿別人，將永遠活在偶像的陰影之中。

王陽明所言**「聖人與天地民物同體，儒、佛、老、莊皆我之用，是之謂大道」**，指出聖人與天地萬物和芸芸眾生並沒有本質上的區別，只要是適合自己的，都可以為我所用。有所選擇和取其精華的偶像崇拜，才可以鋪平成功的人生道路，激發出於後世有益的人生智慧。這一點，幾百年前的丹霞禪師就已經參透。

一個寒冷的冬天，丹霞禪師雲遊到洛陽。一日，天空突然下起大雪，丹霞禪師走進附近的惠林寺避寒。天氣實在太冷，丹霞禪師看到佛殿上供著很多木佛像，佛像前面還供著香火。於是，他毫不猶豫地拿起一個木佛像，將其點燃，生火取暖。

正在這個時候，寺廟裡的住持回來了。看到丹霞禪師在燒佛像，主持又驚又怒，立即大聲斥責：「你這個和尚瘋了嗎？竟然敢燒佛像！」

丹霞禪師用木杖撥開灰燼，然後說：「我想，燒了這個木佛像之後，取它的舍利子。」

住持大怒：「果真是一個瘋和尚，木佛像怎麼會有舍利子？」

丹霞禪師淡淡一笑，平靜地說：「你也知道木佛像沒有舍利子，那就讓我再拿幾個木佛像來燒吧！我實在太冷了！」

丹霞禪師對佛祖的尊敬不亞於寺廟的住持，卻不因為佛經的智慧而畏懼眼前的木佛像，敢於在寒冷的冬天用其生火取暖，適時地物盡其用，正是超越偶像的表現。

王陽明「格竹」失敗的事件，給我們一個很好的啟示。他崇拜朱熹，認真鑽研朱子學說的同時，還仿照朱熹提出的格物致知理論「格竹」，結果沒有悟出竹子的道理，反而落得一身病痛。這讓王陽明對朱子學說產生疑惑，為他走上自己的學術探索之路打下基礎。

因此，對於聖人和偶像，我們要取其精華而去其糟粕地欣賞和借鑑，以其作為我們學習的榜樣，激發前進的鬥志，實現智慧的解脫。絕對不能過分地崇拜聖人，使自己的思想和行動以及豐富的創造力受到束縛，最終成為聖人思想下的心靈奴隸。

後儒不明聖學，不知就自己心地良知良能上體認擴充，卻去求知其所不知，求能其所不能，一味只是希高慕大，不知自己是桀、紂心地，動輒要做堯、舜事業，如何做得？終年碌碌，至於老死，竟不知成就了個甚麼。可哀也已！

在王陽明看來，後世儒生大多不明白聖人的學說，不知道在自己內心的良知上去體察擴充，反而去追求自己不瞭解的事物，去做自己做不好的事情，一味地好高騖遠和愛慕虛榮。就像一個人不知道自己有桀和紂的心地，卻想要做堯和舜的事業，這怎麼可能？這樣的結果只是一年到頭忙碌直到老死，卻不知道做了什麼，這樣的人真是可憐啊！

這其實是在告誡人們要有自知之明，在確立人生方向的時候不要好高騖遠，而是要量力而行，才不至於招致失敗。

許多人在確定人生志向的時候好高騖遠，給自己制定異常遠大而不切實際的目標，不僅違反自然規律，而且寸步難行，最後只會使自己失望，加深挫折感。每個人都有自己的極限，超過極限的事情是難以做成的。

在一座深山中有一座千年古剎，有一位高僧隱居在此。有些人千里迢迢來尋找他，有些人想求大師指點迷津，有些人想向大師學一些武功。

他們到達深山的時候，發現大師正在從山谷裡挑水回來。他挑得不多，兩個木桶裡的水都沒有裝滿。依照他們的想像，大師應該可以挑很大的木桶，而且挑得滿滿的。

他們不解地問：「大師，這是什麼道理？」

大師說：「挑水之道並不在於挑多，而是在於挑得夠用。一味貪多，適得其反。」眾人更感疑惑。大師從他們之中拉出一個人，讓他重新從山谷裡打滿兩桶水。那個人挑得非常吃力，沒有走幾步就跌倒在地，水全部灑出來，那個人的膝蓋也摔破了。

「水灑了，豈不是還要回頭重新打水嗎？膝蓋破了，走路艱難，豈不是比剛才挑得更少嗎？」大師說。

「請問大師，到底要挑多少？怎麼估計？」

大師笑著說：「你們看這個木桶。」

眾人望去，木桶裡畫了一條線。

大師說：「這條線是底線，水絕對不能高於這條線，高於這條線就超過自己的能力和需要。起初還需要畫一條線，挑的次數多了，就不必看那條線，憑感覺就知道是多是少。這條線可以提醒我們，凡事要盡力而為，量力而行。」

眾人又問：「底線應該定多低？」

大師說：「一般來說，越低越好。因為低的目標容易實現，人們不容易受到挫傷，反而會培養更大的興趣和熱情，長此以往循序漸進，就會挑得更多，挑得更穩。」

生活中，有許多人都像上文中那個打滿兩桶水的人一樣好高騖遠而急功近利，結果往往事與願違，很難達到目的。道理固然簡單明瞭，但是很少有人可以真正地理解和貫徹到自己的行動中。大多數人都希望成為不平凡的人，夢想成功，才華獲得賞識，能力獲得肯定，擁有名譽、地位、財富。遺憾的是，真正可以做到的人總是少數。因為大多數人不能量力而行，總是在不經意之間陷進好高騖遠的泥沼裡。

很多時候，量力而行不僅需要量己之力，還要量時勢之力。人們經常說：「時勢造英雄。」也就是說，每個人都有成為英雄的潛能，但是如果沒有將自己的能力推向極限，甚至是超出極限的環境，英雄也只是一個凡人。如果漢高祖劉邦不是生在一個動盪的時代，如果不是因為押送徒役去驪山的途中大多數徒役逃散，他也不會被逼起義，並且最終打敗項羽成立西漢王朝。在劉邦起義反秦之前，人們都認為劉邦沒有大志，不能治理商業，也不能下田工作，實在是十分普通的小人物。和劉邦相比，項羽可謂能力超強，卻最終因為未能抓住時機而戰敗自刎。由此可見，一個人的能力再強，如果不懂得順應時勢做出改變，終究無法成為英雄。

人生如秤，對自己的評價太輕容易自卑，評價太重容易自大。只有把握準確，才可以實事求是，恰如其分地感知自我和完善自我。因此，我們在確定人生方向的時候，要隨時掂量自己，隨時知道自己是誰？自己幾斤幾兩？有幾分力量？不要高估自己的德行和力量，不可以好高鶩遠。量力而行，才可以選對方向，獲得成功。

第四章：行勝於言，知行合一——談實踐

知與行就是一個理論和實踐的問題：有人認為知易行難，懂得理論是容易的，實踐是很困難的；有人認為知難行易，領悟道理很困難，實踐很容易。王陽明提出「知行合一」，認為懂得道理是重要的，但是實際運用也是重要的。也就是說，一個人不僅要有崇高偉大的志向，也要掌握符合實際和腳踏實地的方法，並且努力實踐，才可以真正獲得聖人的智慧。

知者行之始，行者知之成。聖學只一個功夫，知行不可分作兩事

在王陽明看來，認識是實踐的起點，實踐是認識的成果。聖人的學問只是一個功夫，認識和實踐不能當作兩件事情。

王陽明強調知與行的統一。所謂知，就是對事情各方面的思考與瞭解，只有思考明白和瞭解清楚才可以開始行動；所謂行，就是將那些思考明白和瞭解清楚的東西付諸實踐，才可以有所成就。王陽明指出，聖人之學是身心之學，其要領在於體悟實行，不可將其當作純粹的知識，只流於口耳之間。

然而，自古以來大多數人都把知和行看作兩件事情，例如人們經常說：「三思而後行。」意思是要思考在前，行動在後，必須經過周密的考慮才可以有所行動，認為如此才可以取得最好的效果。

三思而後行，確實是對衝動氣盛的年輕人最好的勸諫，因而備受世人推崇。人們相信，經過深思熟慮的決定才是最好的，經過反覆思量的行動才可以順利地進行。不幸的是，因此而形成一種重思考而輕行動的風氣。

或許是過於謹慎，過於追求萬無一失，人們將大量的時間與精力用在無限的沉思之中，結果越想越覺得準備不夠充分，越想越覺得存在很大的問題，結果原本可以嘗試的想法變成不可能完成的任務，無疾而終。

由於人們不受客觀事物與能力的強行束縛，因此過度的思考很容易偏離正軌，越想越遠而找不到重點。人們在思想的海洋中暢游太久而遲遲不上岸來付諸實踐，結果只會窒息於其中，徹底失去付諸實踐的機會與能力。

唐代中原有一片山脈盛產靈蛇，蛇膽和蛇心都是很好的藥材。雖然蛇毒劇烈，見血封喉，可是為了賺錢，仍然有很多人不惜冒著生命危險去捕蛇。有一天，三個從南方來的年輕人來到附近的村子，準備進山捕蛇。

年輕人甲在村裡住一天，第二天清晨就收拾行裝上山捕蛇，但是過了好幾天，他還沒有回來。原來，他不瞭解蛇的習性，在山裡亂竄，驚擾靈蛇，而且他也不知道如何捉蛇，最終因為捕蛇而喪命。

年輕人乙見狀，心中害怕不已，再三思慮要不要去山裡捉蛇，他每天都站在村口，向高山的方向望去，有時候向前走幾里路，不久又走回來，終日惶惶然行走於村子與高山之間。

年輕人丙充分考慮如何找蛇穴、捕蛇、解毒等問題，並且向村裡人討教，掌握尋找蛇穴和引蛇出洞等捕蛇的技術，學習製作解毒的藥劑。經過半個月的準備，年輕人丙帶著工具上山。七天過去了，大家都以為他已經喪命，可是他竟然背著沉重的籮筐回到村裡。他捕到上百條靈蛇，賺了很多錢，之後還做起藥材生意，成為著名的捕蛇之王。

三個年輕人一起捕蛇，一個毫不考慮而魯莽行動，一個思來想去而遲遲不動，一個經過深思熟慮之後付諸行動。三個人對待思與行的不同態度，註定他們不同的結果。

思考與行動是相輔相成的，無論偏向於哪一方，都難成大事。

思考與行動，是人生至關重要的事情，猶如人之生老病死，難以避免。小到處理家庭瑣事，大到掌握國家命脈，都要思考與行動。不假思索地行動和多番思慮卻不見行動的人，輕則敗家，重則亡國。思與行，不可偏其一，這就是王陽明知行合一的基礎所在。

若不用克己功夫，終日只是說話而已，天理終不自見，私欲亦終不自見。如人走路一般，走得一段，方認得一段。走到歧路時，有疑便問，問了又走，方漸能到得欲到之處。

王陽明認為，如果沒有下功夫克制私欲，每天只是說一說，最終就無法認識到天理和私欲的區別。就像人們走路，走一段才可以看清楚前面一段。到了岔路口，有疑惑就要問，問明白再走，這樣才可以逐漸走到目的地。也就是說，只是空談而不去實踐，就無法克制自己的私欲和認識天理，因此王陽明感嘆：「天下大亂，只因空談多而實踐少。」

古來有論：「實幹興邦，空談誤國。」世界上有兩種人：一是實做家，一是空想家。空想家想像豐富而渴望強烈，總是想做各種事情，實做家則是著重於做！空想家往往不管怎樣努力，都無法完成任何事情；實做家雖然沒有空想家那樣富麗堂皇的說辭，往往卻可以成功。

實做家比空想家成功，是因為實做家總是採取實際的行動，空想家卻很少去著手行動，或是剛開始行動就很快懈怠。空想家往往受到人們的嘲笑，因為他們始終把理想掛在嘴邊，卻從來不見他們為理想奮鬥。

戰國時期，秦國派王齕攻下上黨，並且意欲進攻長平。

趙孝成王聽到消息，命令廉頗率領二十多萬大軍駐守長平。廉頗叫兵士們修築堡壘，深挖壕溝，跟遠來的秦軍對峙，做好長期抵抗的準備。

王齕幾次向趙軍挑戰，廉頗只是堅守。

秦昭襄王請范雎出主意，范雎說：「要打敗趙國，必須先叫趙國把廉頗調回去。」

過了幾天，趙孝成王聽到左右紛紛議論：「秦國就是害怕年輕力強的趙括帶兵。廉頗不中用，眼看就要投降啦！」

趙王聽信讒言，立刻把趙括找來詢問。趙括說：「要是換上我，打敗王齕不在話下。」

趙王聽了很高興，就拜趙括為大將，去接替廉頗。

藺相如對趙王說：「趙括只懂兵書，不會應變，不能派他做大將。」可是趙王卻不聽。

范雎得到趙括代替廉頗的消息，立刻派出白起為將軍，指揮秦軍。白起一到長平，就故意打了幾陣敗仗。趙括不知是計，拼命追趕。白起把趙軍引到預先埋伏好的地區，派出精兵二萬五千人切斷趙軍的後路，另派五千騎兵直衝趙軍大營，把四十萬趙軍切成兩段。

趙括的軍隊內無糧草，外無救兵，兵士叫苦連天，無心作戰。趙括帶兵想衝出重圍，秦軍萬箭齊發把他射死。四十萬趙軍，就在「紙上談兵」的主帥趙括手裡全軍覆沒。

趙括是一個空談家，自以為讀過兵書，對兵法之道十分諳熟，但是沒有親身經歷過戰爭，書本在他頭腦中構築的虛無飄渺的軍事閣樓，在真實的刀光劍影中不堪一擊，趙括也因為「紙上談兵」而被當作空想家的代表貽笑千古。

良好的理論基礎很重要，但是理論基礎如果不經過實踐的檢驗，就不可能轉化為實際應用中有效的力量。空談者往往自以為有知識就有一切，這是極度錯誤的想法。**掌握知識是為了應用，有目標要實做才可以實現理想，否則只依靠理論異想天開，將會導致重大的失誤**。因此，我們應該少空談多實踐，將所學靈活運用在實踐中。

愛曰：「如《三墳》之類，亦有傳者，孔子何以刪之？」

先生曰：「縱有傳者，亦於世變漸非所宜。風氣益開，文采日盛，至於周末，雖欲變以夏商之俗，已不可挽，況唐虞乎？又況羲黃之世乎？」

弟子徐愛問：「《三墳》之類的書也有流傳下來，但是孔子為什麼把它們都刪掉？」

王陽明回答：「社會風氣日益開放，文采日漸興盛，世道滄桑，那些書即使有些流傳下來，也會因為時代的變化逐漸不合時宜。周朝末年的時候，要恢復夏商時期的淳樸風俗已經不可能，何況堯舜時期的世風？太古時期的伏羲和黃帝的世風就更不可能挽回。」其實王陽明是在告誡人們，做事的時候要根據情況和不同的時間和地點來隨機應變，制定相應而正確的方法。

世界瞬息萬變，只有順應外界的變化而變化，用發展變化的眼光和思維來對待生活中的萬事萬物，才可以因地制宜和因時隨化，進而獲得真正的自由和幸福。

王陽明在平定農民起義的過程中，始終從當地的實際情況出發，堅持因地制宜和因時而變的原則。他沒有把起義農民當作打擊對象，而是把殺人越貨的盜賊和被迫鋌而走險的貧苦民眾區別開來，把首惡和脅從區別開來，把願意改惡從善和堅持不改區別開來。具體到個人，王陽明更是謹慎從事，即使犯罪，也要看認罪的態度來決定處罰。

為了給脅從者和願意悔改者機會，王陽明在每次採取行動之前，都先發出布告，勸諭誤入迷途者改惡從善。在征戰過程中，他也是根據實際需要，靈活制定制敵政策。在平亂之後，根據當地的實際情況，或是奏請皇帝，批准增設縣治和管理關隘檢查的巡查司，或是改變布局不合理的巡檢司治所。

王陽明根據社會制度和風俗習慣的不同，因地、因事、因時以制宜，沒有死守法規。其實，任何事物的發展都會與原有的計畫有所不同，面對改變的時候，智慧之人往往可以看到直中之曲和曲中之直，並且把握事物迂迴發展的規律，透過迂迴應變，達到既定的目標。

孔子周遊列國的時候，曾經被圍困在陳國與蔡國之間，整整十天沒有飯吃，有時候連野菜湯也喝不到。學生子路不知從哪裡弄來一隻煮熟的小豬，孔子不問肉的來歷，拿起來就吃，子路又不知用什麼方法弄來酒，孔子也不問酒的來歷，端起來就喝。

可是，等到魯哀公迎接他的時候，孔子卻表現出正人君子的風度，席子擺不正不坐，肉類割不正不吃。子路就問：「先生為什麼現在與在陳國和蔡國受困的時候不一樣？」孔子回答：「以前我那樣做是為了生存，今天我這樣做是為了講禮！」

孔子處理事情從容淡然，原因就在於他有因時而化和因地制宜的頭腦。所以在遇到困難的時候，應該懂得改變自己的思路和行為，因為變則通，才可以克服困難，達到目的。

當今社會，各種事物都在飛速發展變化，身處其中的人們如果不能審時度勢，順勢而變，就很難適應社會的發展。我們在生活中，如果可以做到針對不同的時間和地點隨機應變和順勢而動，會對我們適應生活和現實變化有很大的幫助。正如王陽明所說：「**天下事雖萬變，吾所以應之。**」只有這樣，我們才可以克服各種困難，獲得成功。

辨既明矣，思既慎矣，問既審矣，學既能矣，又從而不息其功焉，斯之謂篤行。

王陽明認為，當人們對世界辨析明白，思考就會謹慎，詢問也會很仔細，學習也將有長進，卻還可以堅持用功不懈，這就是篤行。

現代人大多急功近利，對事物的認識也是淺嘗輒止，不願意下功夫深入鑽研，害怕因此浪費時間。例如：人們在學習基礎知識的時候，往往只停留在表面，看起來好像已經瞭解所學知識，卻沒有深入思考和向外拓展，因而題目稍有變化就不知如何解答，這就是淺嘗輒止的壞處。

如果人們可以在學習瞭解的基礎上再深入思考，讓這些資訊不斷地刺激潛意識，以便把知識提煉和消化，進而可以靈活自如地運用這些知識，在擁有深入思考的習慣以後，就可以避免淺嘗輒止的毛病，學會深入地瞭解事物，即儒家說的「篤行」，也就是人們經常說的堅持到底的做事精神，變成自己的學問和能力。

唐代詩人李白自幼天資聰穎，在眾人的讚賞聲中，年幼的李白逐漸變得驕傲自滿，一味貪戀玩耍，讀書的時候只是敷衍了事，不願意下苦功學習。李白的父親看到他這樣不思進取，非常擔憂，就送他到山中去讀書，希望他可以靜下心來專心學習，然而他完全沒有改變。

有一次，正當李白寫字的時候，面前飛過一隻蝴蝶，他急忙放下筆，蹦蹦跳跳地去追蝴蝶。一路追逐著蝴蝶，李白不知不覺就來到山腳下的一條小澗，他看到一位老婆婆正在那裡磨一根鐵棒。

李白好奇地問：「老婆婆，你在這裡做什麼？」

老婆婆抬起頭來，回答：「我在磨這根鐵棒。」

李白感到更奇怪：「你磨鐵棒做什麼用？」

老婆婆說：「我想把這根鐵棒磨成一根繡花針。」

李白驚訝地說：「那麼粗的鐵棒，什麼時候才可以磨成繡花針啊？」

老婆婆回答：「常言說得好，天下無難事，只怕有心人。不論做什麼事情，沒有無法成功的。這根鐵棒雖然粗，但是只要堅持，總有一天就會磨成繡花針。」

看到這一切，李白的心靈受到極大的震撼，他深深地感到自己以往不論做什麼事情都淺嘗輒止，與老婆婆要將鐵棒磨成繡花針的精神相比，真是太慚愧了！

從此，李白痛改前非，無論做任何事情都非常用心，力求精益求精。

李白這樣天資聰穎的詩人，尚且要如此篤行才可以成功，我們普通人更要下苦功去克服淺嘗輒止的毛病。

許多人都有這樣的經歷：做一個決定，總是很容易，但是事情發展下去的時候，就會發現越來越多的問題出現：沒有時間、外界干擾、條件不允許……分歧也在此產生。很多人開始動搖，開始心存疑惑：我真的可以做完這件事情嗎？接著，開始氣餒和灰心喪氣，隨後就是退縮與放棄，成功就此夭折。如果在面對許多阻撓與困難的時候，可以堅持不懈地繼續下去，跨越一個又一個障礙，往往可以迎來期望中的成功。

很多時候，成功沒有想像中的那麼遙遠。戲劇家莎士比亞說：「**千萬人的失敗，都失敗在做事不徹底，往往做到距離成功還差一步，就終止不做。**」這樣的失敗，實在令人扼腕。其實，我們與成功只有一步之遙，這一步就是堅持不懈。

日間功夫，覺紛擾，則靜坐；覺懶看書，則且看書。是亦因病而藥

王陽明認為，在白天學習的時候，如果感覺自己被外界繁亂打擾，就學習靜坐；如果覺得自己懶於看書，就去看書。這就是對症下藥。

對症下藥一詞，出自《三國志・魏志・華佗傳》，原本是指醫生針對病症用藥，後來用來比喻人們針對問題，採取有效應對措施的行為。

華佗是東漢末年著名的醫學家，他精通內、外、婦、兒、針灸各科，醫術高明，診斷準確。華佗給病人診療的時候，可以根據不同的情況，開出不同的處方。

有一次，州官倪尋和李延一同到華佗那裡看病，兩人訴說的病症相同：頭痛發熱。華佗分別給兩人診脈之後，給倪尋開出瀉藥，卻給李延開出發汗的藥。

兩人看了藥方，感到非常奇怪，問：「我們兩人的症狀相同，病情一樣，為什麼吃的藥卻不同？」

華佗解釋說：「你們相同的只是病症的表象，倪尋的病因是由內部傷食引起的，李延的病因卻是由外感風寒引起的。兩人的病因不同，我當然要對症下藥，給你們用不同的藥治療。」

倪尋和李延服藥以後沒有多久，病就全好了。

華佗可以區分病情而對症下藥，因此可以很快治好病人的病。治病講究對症下藥，解決問題也是相同的道理，對症下藥地解決問題，首先要找對關鍵，抓住問題的「癥結」。在生活中遭遇難題的時候，我們不妨先冷靜下來，仔細分析問題，區別不同的情況，給予相應的對策，就可以正確地處理各種問題。

一位幼稚園老師每個月都被評為優秀員工，許多同事向她請教和孩子相處的技巧，她只說了四個字：「對症下藥。」

同事感到疑惑，這位老師解釋：「就是要具體問題具體分析和具體對待。例如：當孩子有負面情緒時，一定要針對不同情況給予不同處理。如果孩子是因為擔心害怕，我會以輕鬆的口氣告訴他不必著急，舒緩他的不良情緒。例如：孩子做噩夢，我會告訴他每個人都有可能做噩夢，做噩夢只是因為我們平日玩太累或是睡姿不良造成的，而且噩夢本身不是真實存在的，即使很可怕也沒有關係，因為它不是真的。如果孩子因為生病或是遇到挫折有一些情緒，我就會比較寬容，給予耐心的安慰和勸告，並且盡量滿足他一些要求，同時選擇一些輕鬆愉快的話題和遊戲引導他，使他可以從負面情緒中盡快抽離出來。」

看似同樣的事情或表面現象，其實蘊藏很多不同甚至相反的作用。如果人們忽視那些細微的差別，籠統地對待問題，就無法抓住問題的核心，也無法對症下藥，進而快速有效地解決問題。

無論是工作和學習還是處理生活問題，都要講究方法。只有抓住關鍵問題，切中問題的要害，才可以使我們的工作和學習事半功倍。**做事和工作應該從關鍵處下手，盡量避免過程繁瑣，更不要面面俱到。**

問：「孟子『巧、力、聖、智』之說，朱子云：『三子力有餘而巧不足。』何如？」

先生曰：「三子固有力，亦有巧。巧、力實非兩事，巧亦只在用力處，力而不巧，亦是徒力。三子譬如射，一能步箭，一能馬箭，一能遠箭。他射得到俱謂之力，中處俱可謂之巧。但步不能馬，馬不能遠，各有所長，便是才力分限有不同處。孔子則三者皆長，然孔子之和只到得柳下惠而極，清只到得伯夷而極，任只到得伊尹而極，何曾加得些子。若謂『三子力有餘而巧不足』，則其力反過孔子了。巧、力只是發明聖、知之義，若識得聖、知本體是何物，便自了然。」

有弟子問王陽明：「孟子主張『巧、力、聖、智』的說法，朱熹先生說：『三子力有餘而巧不足。』這樣說對嗎？」

王陽明回答：「伯夷、伊尹、柳下惠三個人不僅有『力』，而且還有『巧』。『巧』與『力』實際上並非兩回事，『力』中要有『巧』。有『力』卻無『巧』，只是白費力氣。如果用射箭做比喻，他們三個人之中，一個可以步行射箭，一個可以騎馬射箭，一個可以遠端射箭。只要他們可以射到靶子，就可以叫做有力；只要他們可以正中靶心，就可以叫做巧。但是，步行射箭的不能騎馬射箭，騎馬射箭的不能遠端射箭，他們三個人各有所長，才力各有不同。孔子則是身皆三長，但是他的『和』最多可以達到柳下惠的程度，他的『清』最多可以達到伯夷的程度，他的『任』最多可以達到伊尹的程度，未曾再添加什麼。如果說『三子力有餘而巧不足』，他們的力加在一起反而可以超過孔子。巧和力只是為了闡明聖和智的含義，如果認識聖和智的本體，就可以了然於心。」

生活中，有人日出而作夜深才息，一天甚至工作超過十二個小時，但是結果卻不盡如人意。有人卻深諳巧幹大於苦幹的奧妙，總是可以找到更簡單、更輕鬆、更快捷的方法。

美國船王丹尼爾・洛維格獲得的第一桶金，就和他做事善於巧幹有關。

出身於中低收入家庭的洛維格不甘心過平凡窮苦的生活，他想要賺錢改變原來的生活。但是對於一貧如洗的人，想要擁有資本就要借貸，用銀行的錢為自己賺進更多的錢。

在幾番思考以後，洛維格想出一個絕妙的借貸方法：他將一艘還可以航行的老油輪重新修理改裝，以低廉的價格租給一家石油公司。然後，他帶著租賃合約去找紐約各大銀行申請貸款，理由是：他有一艘被石油公司承租的油輪，每個月可以收到固定的租金，如果銀行願意貸款給他，他可以讓石油公司把每個月的租金直接轉給銀行，以分期抵付銀行貸款。

許多銀行聽到洛維格的想法，仍然覺得他沒有信用基礎，不願意貸款給他。但是大通銀行的總裁卻認為雖然洛維格一文不值，但是那家石油公司的信用卻很可靠，因此決定貸款給他。

洛維格終於貸到第一筆款項，然後買下他所要的舊貨輪，把它改成油輪，租給石油公司。然後又利用這艘油輪做抵押，借到另一筆款項，再買下一艘船。這種情形持續幾年，每當一筆貸款付清以後，他就成為這艘船的主人，租金不再被銀行拿走，而是進到自己的口袋。

就是憑藉這樣巧妙的方法，洛維格賺得他事業的第一桶金，也開始他輝煌的創業旅程。

會巧幹的人不滿足於對問題固有的答案，並且在不斷的追求和探索中感到其樂無窮，因此往往可以避免王陽明所說的「有力卻無巧，只是白費力氣」。

在王陽明看來，認識是實踐的起點，實踐是認識的成果。聖人的學問只是一個功夫，認識和實踐不能當作兩件事情。

第五章：針對欲望下功夫——談克己

自古以來的聖人和哲人都注重研究人類的欲望，因為人類的欲望是一切人類活動的起始，如果可以把握這個主宰一切的本源，將會獲得無窮無盡的能量。如果欲望過於強烈，就不再是有助於我們的積極力量，反而會成為奴役我們的消極力量。因此，王陽明勸誡人們要針對聲、色、貨、利這些欲望下功夫，克制欲望，保持內心的中正平和，生活才會快樂。

問：「聲、色、貨、利，恐良知亦不能無。」

先生曰：「固然。但初學用功，卻須掃除蕩滌，勿使留積，則適然來遇，始不為累，自然順而應之。良知只在聲、色、貨、利上用功，能致得良知精精明明，毫髮無蔽，則聲、色、貨、利之交，無非天則流行矣。」

學生問王陽明：「聲、色、貨、利，恐怕良知也不能沒有吧？」

王陽明回答：「確實如此。但是人們剛開始修身養性的時候，必須要在心中將聲、色、貨、利掃除，一點也不能殘留，這樣偶然遇到也不會成為負擔，就可以按照良知來順利應對。也就是說，致良知就是要針對聲、色、貨、利下功夫，只要人們使自己的良知精純光潔，沒有一絲一毫的遮蔽，人們與聲、色、貨、利打交道，就都是天理的自然運行。」

聲指「歌舞」，色指「美色」，貨指「金錢」，利指「私利」，這些都是人們的欲望，因此聲、色、貨、利被視為欲望的象徵。人生在世，很難做到一點欲望也沒有，但是如果物欲太強，就容易淪為欲望的奴隸，一生負重前行。因此，王陽明告誡人們要針對聲、色、貨、利下功夫，減少自己的欲望，懂得知足常樂。

從前，一個想發財的人得到一張藏寶圖，他準備一切尋寶用具和幾個袋子，打算用來裝寶物。一切準備就緒以後，他就進入密林尋寶。他斬斷擋路的荊棘，穿過小溪，終於找到第一處寶藏，滿屋的金幣亮眼奪目。他急忙掏出袋子，把所有的金幣裝進袋子。離開這處寶藏的時候，他看到門上的一行字：「知足常樂，適可而止。」

他笑了笑，心想：有誰會丟下這些金光閃閃的金幣？於是，他沒有留下一枚金幣，扛著袋子來到第二處寶藏，出現在眼前的是成堆的金條。他興奮地把所有的金條放入袋子，當他拿起最後一根金條時，看到上面刻著：「放棄下一個屋子中的寶物，你會得到更寶貴的東西。」

他看到這行字以後，更迫不及待地走進第三處寶藏，裡面有一塊磐石般大小的鑽石。他貪婪的雙手抬起這塊鑽石，放入袋子中。他發現，這塊鑽石下面有一間密室，心想：下面一定有更多的寶藏。於是，他毫不遲疑地跳入密室。誰知，等待他的不是金銀財寶，而是一片流沙。他在流沙中不停掙扎，但是卻使他越陷越深，最終與寶藏一起長埋在流沙底下。

如果這個人可以在看到警示以後立刻離開，可以在跳下去之前多想一想，他就可以平安地返回，成為一個真正的富翁。然而，很少有人可以在聲、色、貨、利面前保持冷靜，不被誘惑。貪婪地想要獲得更多，卻往往在貪婪中失去更多。

明末清初有一本書叫做《解人頤》，對人類的欲望做出入木三分的描述：「終日奔波只為饑，方才一飽又思衣。衣食兩般皆俱足，又想嬌容美貌妻。娶得美妻生下子，恨無田地少根基。買到田園多廣闊，出入無船少馬騎。槽頭扣了騾和馬，嘆無官職被人欺。縣丞主簿還嫌小，又要朝中掛紫衣。若要世人心滿足，除是南柯一夢兮。」做人如果不能控制自己的欲望，就會成為欲望的奴隸，最終喪失自我，被欲望所役。

俄國作家托爾斯泰曾經說：「欲望越小，人生越幸福。」欲望與生俱來，每個人都有。世人為何不心安，只因為放縱自己的欲望。如果人們可以聽從王陽明的勸誡，就可以用純明的良知輕鬆應對世界上的任何事情，也不會有那麼多的煩惱和痛苦。

先生曰：「聖賢非無功業氣節，但其循著這天理則便是道，不可以事功氣節名矣。」

王陽明曾經說：「聖賢不是沒有功業氣節，他們只是遵循天理，這就是道，聖賢不是以功業氣節而聞名。」在他看來，真才實學的人不用「功業氣節」等虛名來證明自己的優秀之處。

放眼那些有真才實學的人，他們都是對虛名抱持不屑一顧的態度。恩格斯極其反感別人稱他為「導師」，他在給普列漢諾夫的回信中，第一句話就是：「請您不要稱我為導師，我的名字是恩格斯。」曾經兩次榮獲諾貝爾獎的居里夫人，把金質獎章給孩子當作玩具，而且語出驚人：「我是想讓孩子們從小就知道榮譽就像玩具，只能玩玩而已。」

王陽明也是一個不重視虛名的人，儘管他曾經幾次參加科舉考試，並且最終獲得功名，但是他參加科舉的目的不是在於功名，而是在於功名背後的實際意義。正如他在第一次參加科舉考試落榜的時候所說：「我確實有些難受，但不是因為沒有考中，而是因為不能考中為國家效力。」縱觀王陽明的政治生涯，他確實在全心全意地為國家效力，為百姓謀福。也正是因為這樣，他才成為備受後人推崇的名臣和聖賢。

然而，儘管人們知道不應該追求虛名，卻仍舊甘心為虛名所迷惑。古人有云：「聲名，謗之媒也。」意思是說，人們經常為聲名所累，這個聲名也就是人們經常說的虛名。虛名者，有名無實，或是要其名而不要其實之謂也。生活中，有很多人對此貪戀不已。

有一個書生因為像晉人車胤那樣藉由螢火蟲的光夜讀，在鄉里非常出名，鄉里的人十分敬仰他的所作所為。某天早晨，有一個人去拜訪他，想向他求教。可是這位書生的家人告訴拜訪者，說書生不在家，已經出門了。

來拜訪的人十分不解地問：「哪裡有夜裡藉由螢光讀書，清晨大好的時光不讀書卻去做其他雜事的道理？」家人如實地回答：「沒有其他原因，主要是因為要捕螢火蟲，所以一大早出去了，到黃昏的時候就會回來。」

車胤夜讀是真用功真求知，這個書生卻在大好的天光下出門捕螢火蟲，黃昏再回來裝模作樣地表演，完全是本末倒置，是虛偽的表現。「名」確實有了，但是時間一長難免會露出馬腳。依靠一時的投機譁眾取寵，這樣的「名」往往很短暫，如過眼雲煙，很快會被世人遺忘。

而且，虛名往往非福而是禍。宋襄公為虛名而禍國，慈禧太后為虛名而殃國。一些人為虛名胡亂投資，動輒數億或數十億資金付諸東流；一些人為虛名投機鑽營，損人利己，類似例子不勝枚舉。人們應該鄙視虛名，視虛名為敵。

王陽明和學生討論有關「名」的問題時，他說如果一味地力追聲名，就不會懂得真實純樸的道理，人生就會徒增煩擾。正如鄭板橋先生所云：「**名利竟如何，歲月蹉跎，幾多風雨幾晴和，愁水愁風愁不盡，**

總是南柯。」人生太短暫了，而要做的事卻很多，何必為虛名所影響，何必機關算盡為虛名而累？請拋卻虛名，著眼未來，腳踏實地，我們終將到達人生的制高點。

昔孔子欲居九夷，人以為陋。孔子曰：「君子居之，何陋之有？」守仁以罪謫龍場。龍場，古夷蔡之外，於今為要綏，而習類尚因其故。人皆以予自上國往，將陋其地，弗能居也。而予處之旬月，安而樂之，求其所謂甚陋者而莫得。

王陽明在被貶到偏遠的龍場以後，並未因為當地生活條件的艱苦而痛苦不堪，反而以此為樂，正如他在《何陋軒記》中寫的那樣：「孔子當初想居住在九夷，弟子們都認為九夷環境太簡陋，不宜居住。孔子卻認為，君子居住在那個地方，就會用君子之風去影響當地的人們，將文化傳播到那裡，改變那裡的習俗，哪裡還會簡陋？我（王陽明）因為犯錯而被貶到龍場驛站，龍場在古代是蠻荒之地，在今天卻成為政府安撫少數民族的重點地區，但是這裡的生活條件依舊很落後。人們都以為我這個從繁華的都市來的人難以在這個簡陋的地方居住，然而我卻在這個簡陋的環境裡安然處之，以苦為樂。」

根據當時隨同王陽明前往的弟子說，龍場簡直就是野生動物園：毒蛇遍地，野獸奔走，在路上行走，不小心就會踩到蛇的尾巴。每天早上醒來，由於山中的空氣夾雜毒氣，經常使人感到胸悶和頭痛欲裂，而且山中大霧瀰漫，很難看清道路，行走的時候不小心就會摔得頭破血流。更糟糕的是，因為龍場驛站年久失修，已經沒有房子可供居住，王陽明和弟子們為房子問題花費許多心思。他們先是搭一個茅草棚棲身，但是考慮到容易被野獸襲擊，又選擇一個山洞住下，但是山洞太陰冷潮溼，王陽明的隨從們都生病了。

即使是在這樣惡劣的環境裡，王陽明仍然十分樂觀，他不僅將居住的山洞命名為「陽明小洞天」，還親自劈柴、打水、煮粥，餵生病的隨從吃，還為他們唱家鄉小調，以撫慰他們低落的心情。

此外，他積極與當地居民交流：他教當地居民建房子，當地居民教他種糧食，還到山裡砍伐木材，幫他搭建幾間房屋。王陽明將其命名為「龍岡書院」，後來又有「賓陽堂」、「何陋軒」、「君子亭」等建築，成為王陽明龍場開悟和講學的重要場所。

《後漢書．韋彪傳》中寫道：「安貧樂道，恬於進趣，三輔諸儒莫不慕仰之。」意思是說，人們要安於貧窮困苦，並且以堅持自己的信念和理想為樂。正是憑藉「安貧樂道」的精神，王陽明才沒有委靡墮落，反而在悟道講學中獨創心學。

他在《始得東洞遂改為陽明小洞天三首》中寫道：「邈矣簞瓢子，此心期與論。」詩中引用顏回對待艱苦生活的態度「一簞食，一瓢飲，在陋巷，人不堪其憂，回也不改其樂」。王陽明說，顏回雖然距離我們很遙遠，但是我願意像他那樣安貧樂道。

在王陽明看來，安於貧困生活，以學習和掌握聖人之道為樂，不被現實與名利所擾，就會找到自己的人生意義，這與佛家的持戒之道是一脈相通的。

明代施惠在《幽閨記·士女隨遷》中說：「樂道安貧巨儒，嗟怨是何如，但孜孜有志效鴻鵠。」如果沉浸在世俗名利中不能自拔，一心追求欲望的滿足，還不如在寧靜的海邊享受簡單的幸福。

著名學者梁實秋在《雅舍小品·圖章》中也說：「安貧樂道的精神之可貴，更難於用三言兩語向唯功利是圖的人解釋清楚。」

總之，可以安貧樂道，獨守內心的清淨，是修行的一種境界。如果做人也可以如此，必將有所收穫。

德章曰：「聞先生以精金喻聖，以分兩喻聖人之分量，以煆鍊喻學者之功夫，最為深切。惟謂堯舜為萬鎰，孔子為九千鎰，疑未安。」

先生曰：「此又是軀殼上起念，故替聖人爭分兩。若不從軀殼上起念，即堯舜萬鎰不為多，孔子九千鎰不為少。堯舜萬鎰，只是孔子的；孔子九千鎰，只是堯舜的，原無彼我。所以謂之聖，只論精一，不論多寡。只要此心純乎天理處同，便同謂之聖。若是力量氣魄，如何盡同得？後儒只在分兩上較量，所以流入功利。若除去了此較分兩的心，各人盡著自己力量精神，只在此心純天理上用功，即人人自有，個個圓成，便能大以成大，小以成小。不假外慕，無不具足，此便是實實落落，明善誠身的事。」

有一天，王陽明的弟子劉德章向王陽明表達自己的一個疑惑：「先生以純金比喻聖人，以金的分量比喻聖人的才智大小，用煉金比喻學者的修養功夫，最為深刻準確。只是把堯和舜比喻為萬鎰的純金，把孔子比喻為九千鎰的純金，似乎不太妥當。」

對此，王陽明回答：「你又是從外在形式上去考慮問題，進而有意為聖人爭些分量。如果不是這樣，把堯和舜比喻為萬鎰純金也不為多，把孔子比喻為九千鎰純金也不為少。聖人之所以為聖人，重點在於他們的內心是否精一純明，而不在於他們心智的大小。只要心至純至精微天理，就是聖人。如果談及他們的才能氣魄，怎麼可能相同？後世儒生只在才能上做比較，因此蛻變為只考慮功利。如果消除比較才能的私心，每個人盡自己的力量和精神在存養天理上下功夫，就會功德圓滿：能力大的做出大的成就，能力小的做出小的成就，無須倚靠外力，無不完美純粹，這才是踏實而明善誠身的事情。」

生活中，差別無處不在，於是一些人在差別中情不自禁地將自己與別人進行比較。如果自己與別人的差距不是很大，心理上或多或少會感到一些平衡；如果自己比對方好，心裡就容易產生驕傲感；如果自己不如對方，心裡就會感到失落和痛苦；更有甚者，會因為嫉妒而詆毀那些比自己出眾的人。

人們往往就是這樣，很多煩惱都是因為自己覺得不如別人而滋生出來。其實世上本無事，實是庸人自擾之。別人在其熟知的領域超過你，並不表示你技不如人，只能表示你不瞭解某個方面的知識，但是在其他方面，你可能比他強，想明白這些，也就沒有心結。總之，只有跳出「與別人比較」的心理，才可以成為與「自己比較」的獨立自我。

有一天，一個國王獨自到花園裡散步，使他萬分詫異的是，花園裡所有的花草樹木都枯萎了，園中一片荒涼。

後來國王瞭解到，橡樹由於沒有松樹那麼高大挺拔，因此輕生厭世死了；松樹因為自己不能像葡萄那樣結出許多果子，也死了；葡萄哀嘆自己終日匍匐在架上，不能直立，不能像桃樹那樣開出美麗可愛的花朵，於是也死了；牽牛花也病倒了，因為它嘆息自己沒有紫丁香那樣的芬芳；其他的植物也都垂頭喪氣，無精打采，只有細小的心安草在茂盛地生長。

「其他的植物全都枯萎了，為什麼你這麼勇敢樂觀，毫不沮喪？」國王問。

「國王，我一點也不灰心失望。因為我知道，如果您想要一棵橡樹，或是一棵松樹、一叢葡萄、一株桃樹、一株牽牛花、一棵紫丁香，您就會叫園丁把它們種上，我知道您寄望於我的就是要我安心做小小的心安草。」心安草回答。

計較別人的長處，貶低自己的短處，只會讓自己陷入自毀的泥沼。人們經常覺得自己不夠好，因為別人比自己更好；自己不夠聰明，因為別人比自己更聰明；自己不夠能幹，因為人們總是有理由否定自己。我們也應該學習心安草，跳出「與別人比較」的模式，成為與「自己比較」的獨立自我。

如果你無法消除比較才能的私心，至少要學會客觀地看待自己和別人，不僅要看到對方的優點，也要看到自身的優點。所謂「梅須遜雪三分白，雪卻輸梅一段香」正是這個道理。當你做到客觀比較，就可以看清自己的生存價值，也就可以知足常樂，真正達到王陽明所說的「人人自有，個個圓成」的境界。

喜、怒、哀、樂本體自是中和的，才自家著些意思，便過不及，便是私。

王陽明認為，喜、怒、哀、樂的情感，以它們的本體來說，是中正平和的。只是人們在表達喜、怒、哀、樂的時候，往往夾雜其他的意思，才會過度或不足，就成為私欲。由此可見，如果心不受欲望的操控，人們產生的喜、怒、哀、樂等情感就不會有痛苦和快樂的區別。

如何才可以讓心擺脫欲望的操控？只需要人們分清自己的需要和欲望，即滿足自己的需要，而不是滿足自己的欲望。可惜大多數人都分不清這兩者的差異，往往錯將「欲望」當作「需要」，結果為自己帶來無盡的煩惱和痛苦。

簡單來說，需要是人們本能的反應，是此時此刻的反應。例如：此刻你餓了，就需要吃飯；此時你口渴，就需要喝水；此時你睏倦，就需要休息。「需要」是很單純的感受，也是最本質的反映。如果你不能及時滿足自己的需要，你的身體就會提出「抗議」，例如：餓不飲食、渴不飲水，生命的能量就會透支；睏倦的時候不睡覺，精神就會崩潰。

曾經有一位記者採訪一位作家，記者問他：「您認為人生中最幸福的事情是什麼？」沒想到，這位作家竟然回答：「大便通暢！」作家做出解釋：「當你便秘的時候，就知道什麼叫做痛苦。」

人類的「需要」是不能壓制的，就像花開柳綠是因為時節到了，花苞需要綻放，柳芽需要舒展；就像久旱的大地需要甘霖的滋潤，以便植物生長；就像湖泊需要水草來自我淨化。

欲望是人們的意念，是屬於未來的產物，這種意念驅使人們去追逐一些不屬於自己的東西。有欲望的時候，人們的心就會投向虛無飄渺的未來。人們把欲望奉為至上，可是欲望卻回報給人們無盡的痛苦和煩惱。我們之所以會經常感到心煩苦悶，正是因為我們的欲望沒有得到滿足。可是我們的欲望可以得到滿足嗎？答案是否定的。

因此，人們經常感嘆：欲望就像天邊的地平線，看似不遠，可是當你用盡全力奔向它的時候，卻永遠也無法到達。就像夸父追日，那是遙不可及的美妙幻想，耗盡生命去追逐，卻永遠也追不到，最終死在追逐的道路上。人們如果落入欲望的漩渦，就只能苦苦掙扎，循環往復不得解脫。

有人問孟子：「如果再給你一次生命，你要怎麼活？」孟子回答：「我一定會多注意我的需要，少關注我的欲望。」孟子這麼回答，正是看清需要和欲望的本質區別：欲望是虛妄的、複雜的、難以掌控的未來；需要是真實的、簡單的、觸手可及的當下，他告誡人們應該去滿足自己的需要，克制自己的欲望。

第六章：吾日三省吾身——談自省

自省，就是自我反省和自我檢查，以便「自知己短」，進而彌補短處，糾正過失。自古以來的許多聖人和哲人正是透過自省使自己的人格不斷趨於完善，走向成熟。王陽明也很看重自我省察，他說省察是有事的時候存養天理，存養天理是無事的時候省察。透過省察看清自己成功的基礎，不能因為境況不如意而渾渾噩噩。

天理人欲，其精微必時時用力省察克制，方日漸有見

王陽明認為，存天理去私欲，其精微之處必須隨時反省體察克制，才可以逐漸有所得。也就是說，一個人只有經常反觀自省，才可以認識和改善自己。正如一個東西，用磅秤量過，才知道它的輕重；用尺量過，才知道它的長短。世間萬物，都要經過某些標準的衡量，才知道究竟。人們透過自我反省和檢查，就可以「自知己短」，進而彌補短處，糾正過失。

王陽明就是一個懂得自省的人。年少時候的王陽明，曾經到居庸關去「見世面」，他回來之後向父親表達以幾萬人馬討伐外族的志向，當時父親批評他太狂傲。之後，王陽明經過一番思考自省，向父親承認自己的錯誤。王陽明善於自省，在他立志要成為聖賢的那天起，「格物窮理」成為他每天必須做的任務。但是「格物」不是一兩天就可以見成效，在格物的過程中，王陽明也透過自省，不斷地推翻自己的理論，王陽明的成功與他善於反躬自省是分不開的。

孔子的學生曾參說，他每天從三個方面反覆檢查自己：替人辦事有未曾竭盡心力之處嗎？與朋友交往有未能誠實相待之時嗎？對老師傳授的學業有尚未認真溫習嗎？他就是這樣每天自省，長處繼續發揚，缺失之處及時改正，最終成為學識淵博和品德高尚的賢人。

有一位哲學家在晚年的時候刺瞎自己的雙眼，別人都不理解他的這個舉動。他說：「我只是為了更

好地看清自己。」「知人者智，自知者明」，真正的聰明人必須具備自知之明。何謂自知之明？孔子說：「知之為知之，不知為不知，是知也。」孔子的學生曾參也強調：「吾日三省吾身。」聖人都有自知之明，是因為他們隨時審視自己。可以隨時審視自己的人，一般都很少犯錯，因為他們可以準確地找出自己的優點和缺點，為以後的行動打下基礎。

有一個年輕人，在街角的小店借用電話。他用一條手帕蓋著電話筒，然後說：「是王家嗎？我是打電話來應徵做園丁工作的，我有很豐富的經驗，相信一定可以勝任。」電話那頭說：「先生，恐怕你弄錯了，我家主人對現在聘用的園丁非常滿意，主人說園丁是一位盡責、熱心、勤奮的人，所以我們這裡沒有園丁的空缺。」

年輕人聽完以後，很有禮貌地說：「對不起，可能是我弄錯了。」接著就掛上電話。小店的老闆聽到年輕人的話，就說：「年輕人，你想找園丁工作嗎？我的親戚正要請人，你有興趣嗎？」年輕人說：「多謝你的好意，其實我就是王家的園丁。我剛才打電話，是為了自我檢查，確定自己的表現是否符合主人的標準。」

人生最大的敵人是自己，那些認真審視自己和隨時反省自己的人，才可能真正覺悟。反省是一棵智慧樹，只有深植在思維裡，才可以與你的神經相連，為你提供源源不斷的智慧。

高爾基說：**「反省是一面清澈的鏡子，它可以照見心靈上的汙點。」**可以隨時審視自己的人，一般都很少犯錯，因為他們會隨時分析自己的優點和缺點，跳出自己的局限來重新觀看和審察自己的所作所為是否正確。只有不斷反省，才可以讓自己立於不敗之地。

一友常易動氣責人。先生警之曰：「學須反己。若徒責人，只見得人不是，不見自己非。若能反己，方見自己有許多未盡處，奚暇責人？舜能化得象的傲，其機括只是不見象的不是。若舜只要正他的奸惡，就見得象的不是矣。象是傲人，必不肯相下，如何感化得他？」

是友感悔。

曰：「你今後只不要去論人之是非。當責辯人時，就把做一件大己私，克去方可。」

一個朋友經常容易生氣而責備別人。

王陽明告誡這個朋友：「你要學習反省自己。如果只是責備別人，只能看見別人的不對，看不到自己的錯誤。如果可以反身自省，就可以看到自己很多不完善的地方，哪裡還有空閒時間來責怪別人？舜可以化解象的傲慢，主要在於他沒有只發現象不對的地方。如果舜只是糾正象的奸惡，就只能發現他的不對之處。象是一個傲慢的人，絕對不願意聽信他的話，這樣怎麼可以感化他？」

這個朋友聽了以後，感到十分慚愧和後悔。

王陽明又說：「你今後不要再去談論別人的是非，只要你想責備別人的時候，就把它當作自己的一大私欲加以克制。」

談論別人的是非，不是一個好的行為，古人曾經如此告誡世人：「時時檢點自己且不暇，豈有功夫檢點他人。」孔子也曾經說：「躬自厚而薄責於人。」其意思就是在靜查己過的同時勿論人非。

其實，所謂「是非」本身就是極其無聊的事情，背後議論別人也不是正人君子的作風。做人應該光明磊落，有話就當面說，不要在背後搞小動作。搬弄是非不僅是害人，同時也是在害己，對自己沒有任何好處，反而讓人看不起。

李威被公司升遷為企劃科科長，而且事先沒有任何升遷的徵兆，對那些和李威在同一間辦公室相處好幾年的其他同事來說，真是一個極大的刺激。想到平日不分高下卻暗中競爭的同事成為自己的主管，總是讓人感到不是滋味。企劃科的幾個同事就在李威的背後說：「哼！他有什麼本事，憑什麼升他的官？」不服氣與嫉妒全部脫口而出，於是你一言我一語，把李威數落得一無是處。

孟剛是剛到企劃科不久的大學生，看見大家說得激動，也毫無顧忌地說出一些李威的壞話，例如：辦事拖拉、疑心太重。有一個陽奉陰違的同事王某，儘管他在背後說李威的壞話說得比誰都厲害，可是一轉身，他就把大家說李威壞話的事情說給李威聽。

李威心想：「別人對我不滿，說我的壞話我可以理解，孟剛是一個乳臭未乾的小子，才來公司幾個月，有什麼資格說我？」從此，李威對孟剛很冷淡，經常藉故刁難他。

可憐孟剛大學畢業，一身本事得不到重用，還經常受到李威的指責和刁難，成為背後說是非的犧牲品。

背後議論人者，有些人是出於無聊，把議論別人當作一種消遣，從來不考慮自己的言論將會對別人產生怎樣的後果。這種人大多數時候沒有什麼不良企圖，只是圖口舌之快，可是說者無心，聽者卻可能有意。無意中講的話，很可能會被有意者斷章取義，成為攻擊別人和自己的武器。更何況，什麼事情都應該辯證地去看，被議論的滋味不好受，「己所不欲，勿施於人」，自己不願意接受的事情，為什麼要強加於別人？

喜歡議論別人，對別人的缺點和錯誤可以明察秋毫，對自己卻不能有清醒的認識。喜歡議論別人的人，他們本身也存在許多缺點，但是他們往往看不到自己的缺點。這樣一來，缺點無法得到改正，長此以往，就會阻礙自身發展。「正己才可以正人」，不能律己，又何以要求別人？

在王陽明看來，是與非相差並不遙遠，「所爭毫釐耳」，但是只差毫釐就有本質的變化。正所謂「失之毫釐，謬以千里」，好與壞、對與錯、是與非只在一念之間。既然這樣，不如少談論一些是非，多一些對自己的省察，以便更好地完善自我。

先生曰：「人生大病，只是一傲字。為子而傲必不孝，為臣而傲必不忠，為父而傲必不慈，為友而傲必不信。故象與丹朱俱不肖，亦只一傲字，便結果了此生，諸君常要體此。人心本是天然之理，精精明明，無纖介染著，只是一無我而已。胸中切不可有，有即傲也。古先聖人許多好處，也只是無我而已。無我自能謙，謙者眾善之基，傲者眾惡之魁。」

王陽明曾經說：「人生最大的毛病就是傲慢。子女傲慢必然會不孝順，臣子傲慢必然會不忠誠，父母傲慢必然會不慈愛，朋友傲慢必然會不守信。所以，象與丹朱都不賢明，並且因為傲慢而斷送自己的一生，各位要經常體會這個道理。人心原本就是天然的道理，精明純淨沒有絲毫沾染，只是有一個『無我』而已。心裡千萬不能『有我』，如果有就是傲慢。古代聖賢有許多長處，也只是『無我』而已。『無我』就可以做到謙謹，謙謹是眾善的基礎，傲慢是眾惡的泉源。」

自古以來，聖人都反對傲慢，孔子曾經說：「如有周公之才之美，使驕且吝，其餘不足觀也已。」意思是說，一個君主即使有周公那樣美好的才能，如果驕傲自大又吝嗇小氣，其他方面也不值得一看。孔子反對驕傲的態度顯而易見。

人們經常說：「九牛一毫莫自誇，驕傲自滿必翻車。歷覽古今多少事，成由謙遜敗由奢。」就是在告誡人們：一個人無論取得多麼大的成就都不應該驕傲，你可以做到的，別人也可以做到，甚至做得更好；你可以想到的，一定也有人想到了，甚至比你考慮得更周到。「天外有天，人外有人」，你的見解有時候只是大眾心照不宣的共識，你做成的事情對別人來說只是舉手之勞。

著名小說《傲慢與偏見》中，作者藉由男主角達西，表現傲慢對人生的負面影響。

達西出身名門貴族，擁有萬貫家財，因此是許多女孩追逐的目標，但是他非常傲慢，認為她們都不配做他的舞伴，其中包括女主角伊莉莎白。正如達西對朋友賓利所說的那樣：「她（伊莉莎白）長得可以『容忍』，但是還沒有到可以引起我興趣的程度。」正是他的傲慢，傷害自尊心非常強的伊莉莎白，於是伊莉莎白決定不理睬這個傲慢的傢伙。

可是不久，達西卻愛上伊莉莎白的活潑可愛。但是在第一次向伊莉莎白求婚的時候，達西仍然抱持一種志在必得的傲慢心態，做出高高在上的表情，使得伊莉莎白誤認為是達西無聊之極做出的調侃行為，怒斥達西「毫無禮貌」。經過這次教訓，達西終於意識到他的傲慢是追求伊莉莎白的障礙。他改掉傲慢的態度，也消除伊莉莎白對他的偏見，進而贏得伊莉莎白的愛。

為避免傲慢帶來惡果，王陽明勸誡人們培養謙虛自省的態度。古時候，堯允恭能讓，舜溫恭允塞，禹不自滿，文王徽柔恭敬，孔子溫良恭儉讓，他們都是謙虛自省的典範。在王陽明看來，謙虛自省是人生最大的美德，他自己也身體力行：有功而辭封，遭謗而不辯；當弟子稱其人品之高如泰山時，他平淡地說：

「泰山不如平地大，平地有何可見？」

孔子曾經說：「聰明聖知，守之以愚；功被天下，守之以讓；勇力撫世，守之以怯；富有四海，守之以謙：此所謂挹而損之之道也。」意思是說，一個人聰明睿智而能自安於愚，功蓋天下而能謙讓自持，勇力足以震撼世界卻能守之以怯懦，擁有四海的財富卻可以謙遜自守，這是抑制並且貶損自滿的方法啊！也就是說，如果人們可以隨時自省並且謙虛地待人處事，往往可以獲得成功和幸福。

吾子未暇良知之致，而汲汲焉顧是之憂，此正求其難於明白者以為學之蔽也。

王陽明認為，一個人如果不保存自己的良知，而是對一些細節問題念念不忘，就是將那些難以理解的東西當作學問的弊病。王陽明是在告誡人們，在自省的同時也不要過分執迷於細節問題，以免因小失大。

人們經常說：「細微之處見端倪。」很多事情都可以從生活細節中看出究竟，生活細節在一定程度上可以反映一個人的性格和為人處世的原則，是認識和瞭解一個人的重要途徑。所以，注重細節是讓自己更出色，更可以得到別人認同的關鍵，對日後的發展有不可忽視的積極作用，甚至是必不可少的。

然而，自省的時候如果過分執迷於細節問題，就是人們成功的一大阻礙。自古以來，成功的人在行事的時候，都不會被細節問題所約束，因為他們深知：行事的時候要小心謹慎，但是也要表現出隨意的姿態，不必知道事情的全部細節，就不會因為過分執迷於細節問題而苦惱。

在非洲草原上，有一種不起眼的動物叫做吸血蝙蝠，牠們的身體很小，依靠吸動物的血生存，是野馬的天敵。在攻擊野馬的時候，牠們經常攀附在野馬腿上，用鋒利的牙齒迅速敏捷地刺入野馬的腿，然後用尖尖的嘴吸食血液。無論野馬怎麼狂奔和暴跳，都無法驅逐蝙蝠。蝙蝠從容地吸附在野馬身上，直到吸飽才滿意而去。野馬往往是在暴怒、狂奔、流血中無奈地死去。

動物學家們百思不得其解，小小的吸血蝙蝠怎麼會讓龐大的野馬斃命？於是，他們進行一次實驗，觀察野馬死亡的整個過程。結果發現，吸血蝙蝠所吸的血量是微不足道的，根本不會使野馬斃命。動物學家們在分析這個問題的時候，一致認為野馬的死亡是牠暴躁的習性和狂奔所致，而不是因為蝙蝠吸血所致。

野馬過於在意被吸血蝙蝠咬，牠們越是想要擺脫吸血蝙蝠，越會造成血液流失嚴重，直至死亡。如果牠們可以理智地認識到吸血蝙蝠不會危及自己的生命，就不會暴躁和狂奔並且因此而喪命。其實，這也是在告誡人們不要為小事發怒，這並非真正的自省。

曾國藩提出，為了實現更大的目標，從大處著眼，就應該適當地忽略一些小事，自己才會有更多的精力去處理關鍵的問題。咸豐十一年（西元一八六一年），曾國藩在給弟弟的信中說：「論事，宜從大處分清界限，不宜從小處剖析微茫。」成大事者，往往著眼大局，可是有些人只追求小處的利益，看不到大局，結果經常誤事。曾國藩把朝廷中人的這種心理當作是一種弊病，曾經幾次上奏皇帝，希望皇帝可以給有這類陋習的人一些提點，讓他們注意改正。在曾國藩看來，每個人都不是完美的，都可能犯一些錯，性格上也可能存在缺點，但是只要不耽誤整體的發展方向就是好的。因此，善於自省的他，從來不會執迷於細節問題。

雖然細節決定成敗，注重細節可以幫助人們更好地完善自己，進而獲得成功，但是過於執迷於細節很可能使得人們目光短淺，因小失大，反而阻礙自己獲得成功。正如王陽明所說：「**用功到精處，愈著不得言語，說理愈難。若著意在精微上，全體功夫反蔽泥了。**」用功到達精妙的地方，越是無法用言語表達，說理就會越困難。如果執著於精妙的地方，全體的功夫反而被遮蔽，自省反而成為成功的阻礙。

顏子不遷怒，不貳過，亦是有「未發之中」始能

王陽明認為，顏回不遷怒於別人，不會兩次犯同樣的錯誤，也只有「未發之中」的人可以做到這樣。

「不遷怒，不貳過」語出《論語・雍也》：魯哀公問孔子：「你的弟子之中，誰最好學？」孔子回答：「顏回好學，不遷怒，不貳過。」意思是說，不遷怒於別人，不重複自己的過錯。

著名學者錢穆在《論語新解》中說：**「不貳過，非謂今日有過，後不更犯。明日又有過，後復不犯。當知見一不善，一番改時，即猛進一番，此類之過即永絕。故不遷怒如鏡懸水止，不貳過如冰消凍釋，養心至此，始見功夫。」**

「不貳過」寥寥數字，聽著簡單，做則不易。現實生活中，有很多人對過失和錯誤諱莫如深，千方百計粉飾辯解；有些人面對批評總是強調客觀，怨天尤人；有些人認為過失和錯誤人皆有之，不足為怪。有這種文過飾非做法的人，因為沒有深刻認識到自己的過失和錯誤產生的根源，勢必還會再犯錯。

《孟子》中有一個故事：

有一個人，每天都偷鄰居家一隻雞，有人勸告他：「這不是君子之道。」偷雞者卻說：「我就每個月偷一隻雞吧，等明年再停止偷雞。」

對此，孟子說：「既然已經認識到偷雞這種行為的錯誤性，就應該立即改正，怎麼還要等到明年再改正錯誤？」

故事中的偷雞者，就是因為不懂得「不貳過」，不懂得反省自己的過錯，才無法立刻做出改正。正如人們經常說的：「聰明人和愚蠢人的區別就是，聰明人同樣的錯誤只犯一次，愚蠢的人同樣的錯誤會犯很多次，甚至是屢教不改。」很明顯，故事中的偷雞者就是後者。

吳燕是一家醫療公司的業務員，她剛來公司的時候銷售業績排在倒數第一，一年以後卻成為銷售冠軍。此後，吳燕的銷售業績穩步增長，幾乎是每個月得冠軍。很多同事羨慕不已，向吳燕請教，問她有什麼秘訣。吳燕從包裡拿出一個黑色筆記本，對同事說：「這就是我的秘訣。」同事翻開一看，裡面密密麻麻地記載吳燕與客戶打交道的時候所犯下的所有錯誤，以及每次犯錯以後的心得。

不犯同樣的錯誤，是吳燕事業成功的秘訣，也是人們獲取幸福人生的最佳保障。

《易經》上說「日新之謂盛德」，每天都有新的進步，就是最高尚的品德。「行無貳過」是「日新」的基礎，因為如果不犯同樣的錯誤尚且難以做到，又何談新的進步？

王陽明強調「自省」和「慎獨」，這兩點都可以看作是幫助人們避免反覆犯錯的重要方法。善於「自省」，才可以牢記自己的錯誤，從中吸取經驗和教訓；做到「慎獨」，精神力量會越來越強大，而不至於優柔寡斷，最終又在同一個地方跌倒。

人們之所以犯同樣的錯誤，一方面是因為世事百態紛繁複雜難以精確掌控，更重要的是因為人們不善於自省。越是不善於反思和總結，缺乏自制力，犯同樣錯誤的機率就會越高；性格堅定沉穩而善於自省之人，其反覆犯錯的機率則會低很多。

人有過，多於過上用功，就是補甑，其流必歸於文過

王陽明認為，每個人都會犯錯，如果過於在那個過錯上用功，就像是補破的飯甑，必然會有文過飾非的弊病。這也是許多人在自省以後經常犯的錯，主要是因為人們對自省有錯誤的認識：認為自省是為了幫助人們更好地掩飾錯誤，而不是徹底地改正錯誤。

「文過飾非」出自唐代的劉知幾《史通・惑經》，意思是說：人們用漂亮的言詞，掩飾自己的過失和錯誤。

人非聖賢，孰能無過？只要是做事，難免會有過失出現。問題在於，怎樣對待已經出現的過失。一種態度是實事求是，問題是什麼就承認什麼，有多麼大就說多麼大，絕對不會故意掩飾和歪曲；另一種態度是報喜不報憂，用虛偽的言辭掩飾自己的過失和錯誤，即文過飾非。掩飾自己的過失和錯誤，很容易放大錯誤，帶來重大災難，歷史上不乏這樣的事例。

南朝陳後主「性愚，惡聞過失」，他重用的大臣也多是文過飾非之徒。其中他最寵信的都官尚書孔範，雖然形容舉止文雅，善寫五言詩，但是實為曲意承歡的狎客，後主「每有惡事，孔範必曲為文飾，稱揚讚美」。就是這群文過飾非的君臣，導致陳朝的滅亡，全部成為隋文帝的俘虜。

因為掩飾自己的過失，陳後主最終失去江山，也害到自己。如果人們羞於面對自己的過失和錯誤，對

其百般掩飾，也終將毀滅自己。如果我們可以坦然面對並且努力修正自己的過失和錯誤，這些過失和錯誤就會成為我們人生道路上的財富，為我們贏得成功和幸福。

事實上，過失和錯誤往往是成功的開始。正如美國一位企業家所說：「**年輕人需要多犯錯，因為錯誤是事業發展的最好燃料，錯誤可以讓你懂得如何扭轉逆境，我們只要學會如何不再犯同樣的錯誤就可以。堅持這樣的（自省）原則，你會比那些保守的人更容易取得成功。**」

一八八六年五月的某一天，在喬治亞州的亞特蘭大市，藥劑師約翰·彭伯頓在自家的院子調製出一鍋可以提神解疲和鎮靜心神的飲料。彭伯頓將這鍋液體帶到藥房，指示他的助理魏納伯倒出一杯飲料，並且加入一些糖漿和水，然後添加一些冰塊，他們嘗過以後覺得味道好極了。

調製第二杯飲料的時候，助理魏納伯誤將含有二氧化碳的水當作普通水加入杯中，卻使得飲料更美味。因此，彭伯頓沒有將飲料作為「頭痛藥」，而是當作一般解渴的飲料來銷售。因為裡面含有古柯葉和可樂果，他們將這種飲料取名為「可口可樂」。如今，可口可樂已經在一百多個國家暢銷，成為全世界最受歡迎的飲料之一。

正是魏納伯的一次過失，成就飲料界的巨星「可口可樂」。由此可見，過失和錯誤不只會對人們的生活產生負面影響，也有其正面價值。如果人們可以正確認識自己的過失和錯誤，就可以憑藉過失和錯誤的正面價值獲得成功。

然而，大多數的人自省的時候，只看到過失和錯誤的負面影響，忽視其正面價值。他們害怕犯錯，希望自己做的每件事情都是正確的，以至於他們只想避免做錯事，不敢嘗試一些新東西，不接觸新的技術，不接受新的事物，總是試圖掩飾自己的弱點而不是勇敢地克服它，因此他們總是在原地踏步，甚至越來越糟糕。

正如王陽明所認為的那樣，既然錯誤已經發生了，就坦然面對，努力改正；如果竭力去掩飾錯誤，就像補已經破碎的飯碗一樣，白白耗費自己的時間和精力，對自己的發展也沒有益處，這才是自省的真諦。

夫舊習之溺人，雖已覺悔悟，而其克治之功，尚且其難若此，又況溺而不悟，日益以深者，亦將何所抵極乎！

在王陽明看來，可以認識到自己做過的錯事或是錯誤的習慣而悔悟，是一件不容易的事情。但是悔悟以後，想要戰勝習慣的力量，改正這個錯誤更不容易。人們不會害怕犯錯，而是害怕同樣的錯誤一犯再犯。所謂「金無足赤，人無完人」，每個人都是不完美的，總是會犯一些錯，因此古人曰：「人非聖賢，孰能無過？過而改之，善莫大焉。」知錯能改，就是「致良知」的表現。

儘管人們經常把「對不起」掛在嘴邊，然而又有幾個人可以真誠懺悔？曾參所說「三省吾身」的「省」，含有懺悔的因素。有悔才會有改，不斷地改正才可以成為真正的聖人。

西晉時期，有一個叫做周處的人。他從小就沒有父母，又不聽長輩的管教，到處惹是生非，打架鬥毆，橫行鄉里，當地的百姓很討厭他。當時，百姓們將村子旁邊河中的蛟龍和山上的猛虎與周處並稱為「三害」。

後來有人向周處說：「既然你這麼有本事，為何不去殺死蛟龍和猛虎，證明你的實力？」周處聽了，為了證明自己比蛟龍和猛虎更厲害，決定去和蛟龍和猛虎搏鬥，他上山擊斃猛虎，又下河斬殺蛟龍。

經過三天三夜，周處沒有回來，鄉親們以為他已經死了，高興地互相慶祝。周處提著蛟龍的腦袋回到村裡，看到鄉親們互相慶賀才終於明白，自己已經被大家痛恨到極點。於是，他痛改前非，最後成為一個清廉的好官，被家鄉的人們稱頌。

周處可以正視自己的過失，不是一件容易的事情。王陽明曾經告訴自己的學生：凡事要懂得從自己身上找原因，而不是在別人身上找原因。如果我們可以將這種反求諸己的懺悔融入我們的生活之中，成為我們生活的一部分，懺悔將不再是一件痛苦的事情，而是一種享受。你可以在懺悔中思考過去所有的過失，讓這一切透過時間的作用變成神聖的永恆。

西漢時期，漢中有一個叫做程文矩的人。他的妻子不幸去世，留下四個兒子，之後他又娶李穆姜為妻，也生下兩個男孩。程文矩死後，作為後母的李穆姜對程文矩前妻所生的孩子無比慈愛。但是，這四個孩子卻一點都不尊敬她，還經常為難她，認為李穆姜是假仁假義。

有一次，程文矩前妻的大兒子程興重病在床，李穆姜不僅到處訪求名醫，還將程興照顧得無微不至。在李穆姜的精心照料下，程興慢慢痊癒。李穆姜的行為也深深感動程興，他不僅向李穆姜道歉，還對三個弟弟說：「繼母仁慈，我們兄弟卻置她的養育之恩於不顧，真是連禽獸都不如。雖然母親不責怪我們，對我們越來越好，但是我們的罪過是不可寬恕的。」四兄弟感到非常悔恨，就跑到掌管刑罰的官員面前請求治罪。

然而，在現實生活中，雖然也有很多人有勇氣承認自己的錯誤，卻缺乏改過的決心，知錯而不能改過。確實，承認錯誤只需要幾分鐘，改正過錯卻需要花費很長的時間，沒有毅力是做不到的，雖然勇敢地跨出第一步，卻因為無法持之以恆，終究難逃重蹈覆轍的結局。

人們的一生總是難免會犯錯，問題的關鍵在於應該如何面對我們的過錯。如果連自己的錯誤都不承認，又何談改錯，其後果也必定會是一錯再錯。如果可以正視自己的錯誤並且改正，錯誤對於我們而言就是一筆財富，我們的良知就可以保持豁然明亮，進而輕鬆應對任何事情。

談論別人的是非，不是一個好的行為，古人曾經如此告誡世人：「時時檢點自己且不暇，豈有功夫檢點他人。」

第七章：能容能恕大人物——談包容

一個人有博大的胸襟，可以包容和寬恕別人對自己有意無意的傷害，是讓人欽佩的；可以包容和寬恕別人的過失，是對別人改過自新的最大鼓勵；可以包容和寬恕別人對自己的敵視和仇恨，是自身人格至高的表現。這樣的人也可以因為包容別人而成就自己，像王陽明一樣成為能容能恕的大人物。

處朋友，務相下則得益，相上則損

王陽明認為，在交朋友的時候，一定要相互謙讓，這樣才會受益；相互攀比，互爭高低，只會受到損失。王陽明是在告誡人們要有寬容之心，才可以贏得別人的信任和支持。

王陽明就是懂得包容的人。

嘉靖元年（西元一五二二年），一位泰州商人穿著奇裝異服來向王陽明拜師，王陽明答應了。不久，這個人就打算穿著奇裝異服去遊歷和講學。王陽明問他為什麼要穿成這樣，這個人就以反對理學陋規和講究心學為藉口。王陽明知道他是害怕別人看不起，所以才穿著奇異的服裝，就直接拆穿他，說他只是想出名而已。

這個人一聽被老師看穿了，只想保持最後一點尊嚴離開。沒想到，王陽明沒有計較這件事情，反而繼續留他在家裡。從此以後，這個人洗心革面一心向學，他就是王陽明最優秀的學生、泰州學派的創始人——王艮。

人們經常說：「水至清則無魚，人至察則無徒。」如果你是別人的主管或師長，不能容忍下屬或學生的任何過錯與缺點，久而久之，很難在下屬或學生之中樹立威信。

其實，歷史上有很多明君都是包容的人，他們在小事上不會計較太多，讓下屬每日戰戰兢兢。遇到大事的時候，或是觸犯原則的時候，他們也會毫不客氣，一點也不會手軟。寬容別人的過錯，是一個人心胸寬廣的表現，也是一種生存的謀略。

楚莊王逐鹿中原，連續幾次取得勝利，於是楚莊王設宴款待群臣。席間，楚莊王命令最寵愛的妃子為參加宴會的人敬酒。

這個時候，天色逐漸暗下來，大廳裡燃起蠟燭，君臣喝得興高采烈，非常熱鬧。突然，一陣狂風刮過，大廳裡的蠟燭全部被吹滅，整個大廳一片漆黑。楚莊王的那位寵妃，正在席間輪番敬酒，突然黑暗中有一隻手拉住她的衣袖。

對這個突然發生的無禮行為，寵妃喊又不敢喊，走又走不脫，情急之下，她順手一抓，扯斷那個人帽子上的纓帶。那個人手一鬆，寵妃趁機掙脫跑到楚莊王身邊，向楚莊王訴說被人調戲的情形，並且告訴楚莊王，那個人的帽纓被扯斷，只要點燃蠟燭檢查帽纓，就可以查出這個人是誰。

楚莊王聽完寵妃的哭訴，出乎意料地表示出很不以為然的模樣，趁燭光還未點明，就在黑暗中高聲說：「今天宴會盛況空前，請各位開懷暢飲，不必拘禮，大家都把自己的帽纓扯斷，誰的帽纓不扯斷，誰就是沒有喝盡興！」

群臣不知道楚莊王的用意，為了討得楚莊王歡心，紛紛把帽纓扯斷。等到蠟燭重新點燃，所有人的帽纓都斷了，根本找不出那位調戲寵妃的人。就這樣，調戲楚莊王寵妃的人不僅沒有受到懲罰，就連尷尬的場面也沒有發生。楚莊王告訴寵妃：「酒後失態是人之常情，如果追查處理，反而會傷害眾人的心，使眾人不歡而散。」

時隔不久，楚莊王藉口鄭國與晉國在鄢陵會盟，於第二年春天，傾全國之兵圍攻鄭國。戰爭十分激烈，歷時三個多月，發動數次衝鋒。在這場戰鬥中，有一名軍官奮勇當先，與鄭軍交戰斬殺敵人甚多，鄭軍聞之喪膽，只能投降。楚國取得勝利，在論功行賞之際，才得知奮勇殺敵的那名軍官，名叫唐狡，就是在酒宴上被寵妃扯斷帽纓的人，他此舉正是感恩圖報啊！

領導者可以寬容下屬的過失，必定會得到下屬的傾力回報，進而為自己留下一條後路。所以，對於一些不屬於罪不可赦的錯誤，為什麼不給對方一個改過的機會？犯錯的人如果獲得別人的寬容，就會產生感恩圖報的心理，以期透過自己加倍的良好表現來獲得對方的認同。

凡人言語正到快意時，便截然能忍默得；意氣正到發揚時，便翕然能收斂得；憤怒嗜欲正到騰沸時，便廓然能消化得，此非天下之大勇者不能也。

王陽明認為，一個人可以在說話說到暢快淋漓的時候突然住口不說，可以在人生最意氣風發的時候懂得收斂自己，可以在非常憤怒的時候控制怒火不發脾氣，沒有極大的勇氣和超強的忍耐力是很難做到的。

忍耐是成就事業必備的品格，想要獲得成就，必須學會忍耐。一位西方學者曾經說：「**忍耐和堅持是痛苦的，但是它會逐漸給你帶來幸福。**」

王陽明也坦言，當時被貶謫貴州，那裡是最可以鍛鍊自己忍耐力和最可以使他靜心忍性的地方。在軍事思想上，王陽明最擅長的就是絕地反攻，在平定朱宸濠叛亂的時候，王陽明率領的軍隊幾次陷入絕境，卻又幾次奇蹟般地獲得勝利，最終打敗朱宸濠。即使在自己佔據優勢的時候，王陽明也善於忍耐，等到最佳時機，用最少的損失獲得戰鬥的主動權和最終的勝利。

「自行本忍者為上。」做人要忍，尤其是那些性情暴躁之人，遇事不要輕易發怒，要學會自制，否則不利於自己日後的發展。

富弼是北宋仁宗時期一位品行很好的宰相，然而他年輕的時候，因為能言善辯無意間得罪不少人，給自己帶來不利影響。經過長期的自省，他逐漸變得寬厚謙和。所以，有人告訴他誰在說他的壞話時，他總是笑著回答：「怎麼會，他怎麼會隨便說我？」

有一次，一個窮秀才想要當眾羞辱富弼，就在街上攔住他：「聽說你博學多識，我想請教你一個問題。」

富弼知道來者不善，但是也不能不理會，只好答應了。

秀才問富弼：「請問，欲正其心必先誠其意，所謂誠意即毋自欺也，是即為是，非即為非。如果有人罵你，你會怎麼樣？」富弼想了一下，回答：「我會裝作沒有聽見。」

秀才笑著說：「竟然有人說你熟讀四書，通曉五經，原來純屬虛妄。富弼才智駑鈍，充其量是一個庸人而已！」說完，大笑而去。

富弼的僕人埋怨主人：「真是難以理解，這麼簡單的問題我都可以回答，怎麼您卻裝作不知道？」

富弼說：「此人是輕狂之士，如果與他以理辯論，必定會劍拔弩張而面紅耳赤，無論誰把誰駁得啞口無言，都是口服心不服。書生心胸狹窄，必定會記仇，這是徒勞無益的事情，又何必爭執？」

幾天以後，那個秀才在街上又遇見富弼，富弼主動上前打招呼。秀才不理，扭頭而去，走了不遠，又回頭看著富弼大聲譏諷：「富弼乃一烏龜爾！」

有人告訴富弼，那個秀才在罵他。

「是罵別人吧！」

「他指名道姓罵你，怎麼會是罵別人？」

「天下難道就沒有同名同姓之人嗎？」

他一邊說一邊走，絲毫不理會秀才的辱罵，秀才深感無趣，就走開了。

人們的一生難免會像富弼一樣，遭到別人不公正的批評甚至辱罵。富弼用行動告訴我們，無論如何都不要因為對方不公正的批評或難聽的辱罵而失去理智。獲勝的唯一方法，就是保持沉默，不和別人正面衝突，就連多餘的解釋也沒有必要。如果別人罵你，你可以把他當作空氣，對他置之不理。因為在這種情況下，相互爭吵和辱罵，既不會給任何一方帶來快樂，也不會給任何一方帶來勝利，只會帶來更大的煩惱、更大的怨恨、更大的傷害。

忍得一時才可以成就偉業，不能忍耐最終只會錯失良機而遺恨千古。禍患大多來自於不能忍耐。劉邦在取得勝利以後按兵不動，將功勞經常贈與項羽是忍耐，最終厚積薄發，成就漢高祖一代帝業；韓信甘願受胯下之辱是忍耐；司馬遷受到宮刑，忍耐而著《史記》；劉備與曹操青梅煮酒論英雄是忍耐，之後韜光養晦，才有與曹操和孫權三足鼎立之局。學會忍耐，才可以成為王陽明那樣的「天下之大勇者」，並且憑藉忍耐，獲得人生的成功和幸福。

諸君只要常常懷個「遁世無悶，不見是而無悶」之心，依此良知，忍耐做去，不管人非笑，不管人毀謗，不管人榮辱，任他功夫有進有退，我只是這致良知的主宰，不息久久，自然有得力處，一切外事亦自能不動。

王陽明勸誡人們：「只要經常懷著一個超脫世俗之心，排除煩擾，根據這個良知耐心地做下去，不在乎別人的嘲笑、毀謗、稱譽、侮辱，任他功夫有進有退，只要致良知沒有片刻停息，時間久了，就可以讓心靈變得強大，也不會被外在的任何事情動搖。」

在王陽明看來，不在乎別人對自己的言論和看法，一心專注於目標，就可以有所進步。生活在社會這個集體中，難免會被別人議論，成為別人閒話的對象。面對閒話，人們需要抱持正確的態度，以一種超然的態度去對待它；也要有一種免疫力，避免被它影響。

在一所學校，一位三十多歲的年輕人擊敗許多比他資深的競爭對手，獲得教授職稱。因此，他在校園裡立刻成為眾矢之的，別人對此出現各種詆毀，甚至造謠中傷的話都出來，大有「眾口鑠金」的態勢。

年輕人卻好像沒有聽到這一切，依舊從容自若地做自己應該做的事情。他的朋友們都看不下去，問他為什麼不對那些惡毒的閒話辯解甚至反擊？他從容地笑著說：「他們有說話的權利，我有不予理會的權利，這不是很正常嗎？」

過了一段時間，那些詆毀和造謠的人看年輕人根本不理會，好像根本沒有這件事情一樣，自覺無趣，那些閒話也逐漸消失了。

在你的周圍會有各種各樣的人，有些人會因為嫉妒而詆毀你，如果你明白這些人是因為自己的優秀而詆毀自己，就不要過於理會，誰是誰非最後會得到驗證。人生如此短暫和寶貴，要做的事情太多，何必為這種不愉快的事情浪費時間？在工作和生活中，一個人不受閒言碎語的影響，才可以騰出時間和精力來做自己應該做的事情。不能超然面對閒話，終將為閒話所傷害。

一個年輕漂亮的女孩大學畢業以後，進入一家公司工作。由於女孩工作十分努力，能力也十分優秀，不久就被提升為總經理助理。這個時候，關於女孩的閒話開始變多，大家發揮自己豐富的想像力，構造這個女孩的各種「故事」，有些人甚至說她因為與總經理有曖昧關係，才爬上如此重要的職位……

面對這些難聽的閒話，女孩無法忍受，她奮起抗爭，經常與那些說她閒話的人面紅耳赤地爭論不休。看見她如此，那些說閒話的人更有興趣，越說越起勁，越說越離譜。

幾天之後，女孩心力交瘁，無心工作，只能忍痛辭職。那些說閒話的人既達到自己尋開心的無聊目的，同時也把女孩的事業與前途毀掉了。

人活於世，難免會被別人議論，甚至被別人誤解，假如因此而被絆住，成功將會變得遙遙無期。在前進的過程中，不要讓太多干擾擾亂心緒，進而迷失方向。將謠言擱置一邊不予理睬，事實會證明一切，濁者自濁，清者自清。

人若著實用功，隨人毀謗，隨人欺慢，處處得益，處處是進德之資。若不用功，只是魔也，終被累倒。

面對毀謗和侮辱，王陽明宣導人們既要有超然坦蕩的心境，又要實在地用功，相信自己的良知。如果可以腳踏實地地下苦功，就可以在毀謗和侮辱中得到益處。如果不用功致良知，別人的毀謗和侮辱就會像魔鬼一樣對你糾纏不休，你也會在和這些魔鬼的對抗中身心疲憊，最終被傷害的還是自己。

一個人成功之後，往往會被嫉妒和毀謗。正如俗話說得好：「木秀於林，風必摧之；行高於人，眾必非之。」一棵樹長得比其他樹木高，風首先吹斷的必定是這棵樹；有才能和地位比較高的人，往往是別人爭相攻擊的對象。在這種情況下，就算是聖人也難以倖免。

在王陽明看來，面對毀謗和侮辱，既要有超然面對的心態，更要有超越它的勇氣。也就是說，只要有奮發向上的決心，毀謗和侮辱也可以成為進取的動力。

美國石油大王洛克菲勒曾經用自己的經歷告訴兒子約翰，侮辱也是一種動力。

洛克菲勒在給兒子約翰的信中寫道：你或許還記得，我一直珍藏一張中學同學的多人合照。那張照片裡面沒有我，只有富裕家庭的孩子。幾十年過去了，我依然珍藏它，更在心中珍藏拍攝那張照片的情景：

「那是一個天氣不錯的下午，老師告訴我們，有一位攝影師要來拍學生上課的情景照，對一個窮苦家庭的孩子來說，照相是奢侈的。攝影師剛出現，我就告訴自己要多一些微笑，甚至開始想立刻回家告訴母親：『媽媽，我照相了！是攝影師拍的，棒極了！』」

「我興奮地注視那位彎腰取景的攝影師，但是攝影師卻在取景以後用手指著我，對老師說：『你可以讓那位學生離開他的座位嗎？他的穿著實在是太寒酸，和畫面不搭配。』面對老師的命令，我無力抗爭，只能默默地離開。」

「站在一旁，我感覺我的臉在發熱。但是我沒有發怒，也沒有自哀自憐，更沒有埋怨父母為什麼不讓我穿得更體面。事實上，他們為我可以受到良好教育已經竭盡全力。看著在那位攝影師調動下的拍攝場面，我握緊雙拳，在心裡向自己鄭重發誓：總有一天，你會成為世界上最富有的人！讓攝影師給你照相算什麼，讓世界上最著名的畫家給你畫像才是你的驕傲！」

「我的兒子，我那個時候的誓言已經變成現實！在我眼裡，侮辱一詞的詞義已經轉換，它不再是剝掉我尊嚴的利刃，而是一股強大的動力，如同排山倒海，催促我奮進，催促我去追求一切美好的東西。」

洛克菲勒的經歷告訴我們：**有時候，毀謗和侮辱可以形成一股力量，可以震撼你的靈魂深處，促使你努力改變自己，完善自己，進而將自身的潛力最大限度地發揮出來，成就一番事業。**如果面對別人的毀謗或侮辱，不知努力用功，而是過於在意，與之糾纏不清，就會浪費許多寶貴的精力與時間，使身心被拖累，最終一無所獲。

對於惡意的毀謗和侮辱，你要以此為契機，激勵自己不斷進取。做得更好，做出更大的成績，是讓毀謗者閉嘴的最好方式，也是對那些侮辱你的人的最好回應。其中的關鍵，就像王陽明所說的，就看你能否實在地用功。

舜徵庸後，象猶日以殺舜為事，何大奸惡如之！舜只是自進於義，以義薰烝，不去正他奸惡。凡文過揜慝，此是惡人常態；若要指摘他是非，反去激他惡性。舜初時致得象要殺己，亦是要象好的心太急，此就是舜之過處。經過來，乃知功夫只在自己，不去責人，所以致得「克諧」。

王陽明認為，舜被堯徵召之後，舜的弟弟象仍然整天想要把舜殺死，這是何等奸邪的事情？舜只是提高修養和自我克制，不直接去糾正他的奸惡，而是用安撫的方法來薰陶和感化象。文過飾非，用以掩飾自己的奸惡，這是惡人們的常態，如果去指責他的是非，反而會激發他的惡性。舜最初讓象起念殺害自己，也是因為想要讓象變好的心意太過急切，這就是舜的過錯。後來，舜才明白原來功夫只在自己，不能責備別人，所以才可以和象和平相處。

由此可見，對待惡人，寬容的安撫比嚴厲的責罰更有效，更可以激發他們心中的善意和仁愛，進而改過自新，去惡揚善。這其實就是老子所提倡的「以德報怨」的思想。

《老子》第七十四章中寫道：**「民不畏死，奈何以死懼之？」**意思是說，民眾不怕死，又怎麼可以用死來威脅他們？老子之所以會有這樣的感嘆，是因為春秋時期社會混亂而民不聊生，許多人為了生存，或聚而為盜，或揭竿造反。當時最著名的強盜大概是盜跖，根據《莊子・雜篇》介紹，此人是賢士柳下惠的弟弟，「從卒九千人，橫行天下，侵暴諸侯」。司馬遷在《史記》中說他「性格殘忍凶暴，然部下盛讚其信義」，官府多次出兵鎮壓，都沒有成功。

老子這句話不只是針對盜賊來說，而是泛指官府鎮壓盜匪的蠻橫手段。他認為，百姓沒有活路才去做強盜，鎮壓是沒有用的。如果讓百姓有活路，他們就會愛惜生命，害怕死亡。這個時候，懲處為非作歹的人，就沒有人敢為非作歹。官府窮奢極欲，使得百姓沒有活路，他們連死都不怕，又怎麼會怕官府鎮壓？由此可知，老子這句話的用意在於勸告統治者不要迷信懲罰的效力，與其懲罰犯罪的人們，不如從根本上制止犯罪。讓百姓生活富足，他們就會自尊自愛，不管理他們，他們也會懂得自律；即使有壞人，管理起來也會比較容易。

這個世界上，如果每個人都有穩定幸福的生活，不會有人願意做壞人。老子的觀點可以總結為兩句話：「讓好人有條件做好人，讓壞人不需要做壞人。」

人們經常說：「以恨對恨，恨永遠存在；以愛對恨，恨就會消失。」你在憎恨別人的時候，心裡總是憤憤不平，希望別人遭到不幸和懲罰，卻又往往不能如願，失望和莫名的煩躁之後，就失去輕鬆的心境和歡快的情緒，進而導致心理失衡；另一方面，你在憎恨別人的時候，只看到別人的短處，在言語上貶低別人，在行動上敵視別人，結果使人際關係越來越壞。

寬容曾經傷害你的人是人生智慧，以德報怨是成熟人性臻至化境的象徵，寬容的人生收穫的必定是幸福美滿。因此，在面對別人對你的傷害時，與其責罰和報復，不如用安撫的方法來薰陶和感化他們，以引導他們改過向善。

如果你是別人的主管或師長，不能容忍下屬或學生的任何過錯與缺點，久而久之，很難在下屬或學生之中樹立威信。

第八章：心兵永息，天下太平——談靜心

每個人的心中都難免有理性和感性的鬥爭和爭訟，這種「心、意、識」自訟的狀態就叫做「心兵」。普通人的心中隨時都在打仗，如果妄念不生，止水澄波，心兵永息，自然天下太平，這就是王陽明所推崇的不動心的境界。

君子之學，務求在己而已。毀譽榮辱之來，非獨不以動其心，且資之以為切磋砥礪之地。

王陽明認為，一個有理想和修養的人，學習的根本目的在於提升自己。面對外來的各種毀譽榮辱，不要被它們影響自己內心的安定，要將它們當作磨練自己品性和提升自己素質的工具。王陽明正是因為到達不動心的境界，才可以在毀譽參半的生活中活出自我的精彩。

王陽明在正德十一年（西元一五一六年）七月，以都察院左都御史的身分，巡撫南安、贛州、汀州、漳州等地。他的同事王思輿對季本說：「王陽明此行，必定會建立極大的事功。」季本好奇地問：「你是憑藉什麼如此說？」王思輿感嘆地說：「我用各種言語試探，根本無法觸動他啊！」事實果然證明王思輿的判斷是正確的。

面對人生中許多的毀譽榮辱，不必視為洪水猛獸，要以坦然自若的心情去對待，並且藉此來修練自己的心靈，達到不動心的境界，以獲得優遊自在的人生。

世間的事情紛至沓來，只有做到不動心，才可以得到真正超然物外的灑脫。王陽明認為，心的本體原本就是不動的。心不動，即使有三千煩惱絲纏身，也可以恬靜自如。生活的智者總是懂得在忙碌的生活之外，保存一顆閒靜淡泊之心，寄寓靈魂。雖然在忙碌中身體勞累，卻因為隨時有一顆清靜灑脫而無求的心，就會很容易找到自己的快樂。

蘇軾是古代名士，既有很深的文學造詣，又相容儒釋道三家關於生命哲理的闡釋，但是即使這樣，他也無法真正領悟到心定的境界。蘇軾被貶謫到江北瓜洲的時候，和金山寺的和尚佛印相交甚多，經常在一起參禪禮佛，談經論道，成為非常好的朋友。

某一天，蘇軾做了一首詩：「稽首天中天，毫光照大千；八風吹不動，端坐紫金蓮。」他再三吟誦，覺得頗得禪家智慧之大成。蘇軾覺得佛印看到這首詩一定會大為讚賞，於是很想立刻把這首詩交給佛印，但是苦於公務纏身，只好派一個書僮將詩稿送過江去請佛印品鑑。

佛印看過詩以後，只提筆在詩稿背面寫幾個字，然後讓書僮帶回。

蘇軾滿心歡喜地打開信封，只見他先驚後怒。原來，佛印只在詩稿背面寫兩個字：「狗屁！」蘇軾既生氣又疑惑，坐立不安，最後擱下手中的事情，吩咐書僮備船再次過江。

蘇軾的船剛靠岸，就看見佛印禪師已經在岸邊等候。

蘇軾怒不可遏地對佛印說：「和尚，你我相交甚好，為何要這般侮辱我？」

佛印笑吟吟地說：「此話怎講？我怎麼會侮辱居士？」

蘇軾將詩稿拿出來，指著背面的「狗屁」二字給佛印看，質問原因。

佛印笑著回答：「居士不是自稱『八風吹不動』嗎？怎麼一個『屁』就過江了？」

蘇軾立刻明白佛印的意思，滿臉羞愧。

在世間操勞一生，卻可以心安身安，確實是一件不容易做到的事情。這需要我們保持一顆清靜的心，帶著激情去生活，不生是非分別，不起憎愛怨親，就可以安穩如山，自在如風。

世上本無事，庸人自擾之。王陽明認為，凡是終日煩惱的人，實際上不是遭遇多麼大的不幸，而是自己的良知被蒙蔽。想要恢復自己的良知，到達不動心的境界，就要磨練自己，用心做好每件事情，不使內心有絲毫偏倚，就可以感受到生活中的快樂與幸福。

孟源問：「靜坐中思慮紛雜，不能強禁絕。」

先生曰：「紛雜思慮，亦強禁絕不得；只就思慮萌動處省察克治，到天理精明後，有個物各付物的意思，自然精專無紛雜之念，《大學》所謂『知止而後有定』也。」

弟子孟源曾經問王陽明：「我在靜坐的時候，總是想東想西，心裡一刻也不得安靜，我試過許多辦法都不見效，應該怎麼辦？」

王陽明回答：「將頭腦中那些紛亂複雜的念頭強行抹去，那是不可能的，只有尋找到產生這些紛亂複雜念頭的根源，觀察它和改善它，在自己的內心進行深刻反省，才可以消除內心的那些紛雜思慮，就會安靜下來，這就是《大學》裡所說的『知止而後定』的意思。」

靜坐是指放鬆入靜，排除雜念，呼吸自然，主要是為了讓人變得安靜，可以感覺到自己的存在，然後進入忘我之境。靜坐可以讓一個人的身體保持內外的平衡，有利於提升自己的心靈境界。一個人如果可以在吵雜中感悟寧靜，就是到達人生快樂的極高境界。

在紛亂的社會生活中，人們經常感到不安。對此，許多大師，例如：李白、白居易、蘇軾、陸游，都建議人們靜坐。王陽明也極為推崇靜坐養心，因此他才會建議弟子們「日間功夫，覺紛擾，則靜坐」。閉上眼睛養神，外在的喧囂和熱鬧會逐漸消失，就會發現心靈內在更美好的境界。也就是說，透過練習靜坐，可以感悟人生，認識自我，並且可以使注意力集中，開發潛在的智慧。

「獨坐禪房，瀟然無事，烹茶一壺，燒香一炷，看達摩面壁圖。垂簾少頃，不覺心靜神清，氣柔息定，濛濛然如混沌境界，意者揖達摩與之乘槎而見麻姑也。」這是《小窗幽記》給人們闡述的一個幽靜而美妙的意境：獨自坐在禪房中，清爽而無事，煮一壺茶，燃一炷香，欣賞達摩面壁圖。將眼睛閉上一會兒，不知不覺中，內心變得十分平靜，神智也十分清醒，氣息柔和而穩定。這種感覺，彷彿回到最初的混沌境界，就像拜見達摩祖師，和他一同乘著木筏渡江，見到麻姑一般。

人們在心靜下來的時候，才可以觀照到自己的本來面目。就像波浪迭起的時候，我們無法看到水底的情況，只有在水波平靜的時候，才可以看到清澈的水底。所以，靜坐是人們放下心外一切的有效方法。

到達心靈的寧靜實屬不易，如果還要在寧靜的境界裡感悟人生的奔騰則是難上加難。因為外物的嘈雜難敵內心的安寧，但是環境的安寧卻不容易讓人興奮，當人們被靜謐所吞沒的時候是無法興奮的，因此在寧靜中讓自己的內心變得活力四射就顯得很難得。人們應該心如止水，但是止水不是死水，靜止只是相對的狀態，人生往往是寧靜裡波濤洶湧，那些最平淡的事情裡往往醞釀最激烈的革命。一個人如果可以做到在寧靜中感悟奔騰，就是到達心靈的至高境界。

又問：「用功收心時，有聲色在前，如常聞見，恐不是專一。」

曰：「如何欲不聞見？除是槁木死灰，耳聾目盲則可。只是雖聞見而不流去便是。」

弟子陳九川問：「專心用功的時候，聲色在眼前出現，如果還像往常那樣去看去聽，恐怕就不能專一。」

王陽明回答：「怎麼可以不想去聽不想去看？除非是枯木死灰的人或耳聾眼瞎的人。只是雖然聽見或看見了，心卻不跟著它們走就是了。」

這裡說的就是不動心的境界，正如人們經常說的：「**風吹雲動心不動，見到境界不動心。**」

在佛家看來，「不動心」從本質上說，是指清淨空寂的真如本性。想要成功，不能缺乏「不動心」，它是思想意志的頂樑柱，失去「不動心」，人們就會失去生活的方向，在迷茫中徘徊。「不動心」還可以排除私心雜念，戰勝心魔，直達清淨自由的「如來」境界。由此可見，佛家是將「不動心」看作一個名字，即不動的心。王陽明將「不動心」看作一個動詞，即王陽明經常說的心無外物。只有做到心無外物，才可以得到真正超然物外的灑脫。

有一個媽媽叫兒子去買雞蛋，媽媽拿錢給孩子的時候，反覆囑咐他不要把雞蛋打破。

從小男孩家到商店不算遠，小男孩買到雞蛋以後，頭也不敢抬地往家裡走，他想著母親的交代，始終盯著那袋滿滿的雞蛋，一步一步地走在小路上，絲毫不敢東張西望。雖然路途很短，但是對小男孩來說這段路卻怎麼都走不到。

就在小男孩快要走到家門口的時候，一隻貓突然從他腳邊跑過去，嚇了他一跳，雞蛋打破好幾顆。小男孩非常懊惱，拎著為數不多的雞蛋，戰戰兢兢地回家。媽媽看到小男孩袋中的雞蛋以後非常生氣，把小男孩罵一頓，小男孩委屈地哭起來。

爸爸知道這件事情以後，就對孩子說：「你再去買一次雞蛋，這一次，你要一路上看看路上的人和物，有什麼好看的，回來以後要講給我聽。」

小男孩不願意再去，他說自己連雞蛋都顧不好，怎麼還可以到處看風景？爸爸告訴他，那些耍雜技的人，他們走鋼絲的時候是不看鋼絲的。小男孩將信將疑，但還是決定聽從爸爸的話，再買一次雞蛋。

這一次，小男孩提著滿袋的雞蛋往回走，一路上看樹看花，覺得周圍的風景都很好。隔壁的小朋友在跳繩，小男孩還跟他們打招呼。鄰居的阿姨看見他提著滿滿的雞蛋，還走得又快又穩，也誇獎他。就這樣，小男孩不知不覺就走到家，將雞蛋交給媽媽。這個時候，他才發現，袋子裡的雞蛋一顆也沒有打破。

同樣是拎著一袋雞蛋回家，為什麼會有截然不同的兩種結果？關鍵就在於「動心」還是「不動心」。

第一次買雞蛋回家的時候，小男孩雖然兩眼注視袋子裡的雞蛋，心卻放在外物上，以提防隨時可能出現的危機；第二次買雞蛋的時候，儘管小男孩觀察路上的人和物，但是他的心卻在手中的雞蛋上，這其實就是王陽明所說的「雖然聽見看見，但心不隨著聲色去」。

因此，人們在面對外境的時候應該有自己的主張，不可隨意為之牽動；更要積極地肯定自己，懷著「一住寒山萬事休，更無雜念掛心頭」的決心和氣魄，不論時代如何動盪轉變，都可以隨遇而安，不受束縛，自享一片光風霽月的心靈景致，這就是王陽明所說的「致良知」之道。

問：「靜時亦覺意思好，才遇事便不同，如何？」

先生曰：「是徒知靜養，而不用克己功夫也。如此，臨事便要傾倒。人須在事上磨，方立得住，方能『靜亦定，動亦定』。」

弟子陸澄曾經問王陽明：「靜養的時候也感覺自己的想法很清晰，可是遇到具體的事情就不能再依據自己的思路去做，為什麼？」

王陽明回答：「這是你只懂得靜心修養，卻不下功夫來克制自己的原因。這樣一來，遇到具體的事情就會覺得思路不穩。人們必須在遇到事情的時候磨練自己，才會穩，才會『靜亦定，動亦定』。」這其實就是在告誡人們：身處惡境，更要持重守靜。

在生活中，很多人不是因為能力不足而被打敗，而是因為無法掌控自己的情緒。在激烈的競爭形勢與強烈的成功欲望的雙重壓力下，我們往往會出現各種情緒。這些情緒一起發作，擾亂心靈原本的寧靜，更不要說拿出時間來考察自己應該做什麼，甚至在錯誤的方向上埋頭苦幹，始終無法把力量用在應該用的地方，忙碌不止卻無法得到滿意的結果。結果越是不令人滿意，人們的內心就會越浮躁，越難以安靜，也就越難以成功，進而陷入一個惡性循環。

老子說：「輕率就會喪失根基，煩躁妄動就會喪失主宰。」非淡泊無以明志，非寧靜無以致遠，持重守靜是抑制輕率躁動的根本。緘默沉靜者，大用有餘；輕薄浮躁者，小用不足。

身處浮躁的世界，需要一顆寧靜的心，拂拭蒙住雙眼的塵埃。保持一份寧靜，讓大腦在清澈的湖水中得到淨化，就可以很清楚地知道自己應該做什麼，應該對什麼負責，從全局著眼觀察整個人生，有條理地生活，防止陷於雜亂的事務中。

工作越是忙碌，我們越是要給自己一些獨處的時間，安靜地反思自己的人生。對自身多一些關照和內省，有助於我們獲得內心的寧靜與和諧。

第二次世界大戰結束以後，有人說杜魯門總統比以前任何一位總統更可以承受總統職務的壓力與緊張，認為職務沒有使他「衰老」或是吞蝕他的活力，認為這是很不簡單的事情，特別是身為一位戰時總統必須面對許多難題。

杜魯門的回答是：「我的心裡有一個掩蔽的散兵坑。」他說，像一位戰士退進散兵坑以求掩蔽、休息、靜養一樣，他也經常退入自己的心理散兵坑，不讓任何事情打擾他。

王陽明之所以一再提倡靜心，是因為他深知靜心可以帶來內在的和諧，恢復純明的良知。在他看來，**內心寧靜的人，比那些汲汲營營於賺錢謀生的人更可以體會到生命的真諦。**目前，人們對於靜心越來越重視，因此有越來越多的人透過靜坐冥想、練瑜伽、打太極拳等方式來消除浮躁，追求內心的平靜與和諧。

劉君亮要在山中靜坐。

先生曰：「汝若以厭外物之心去求之靜，是反養成一個驕惰之氣了；汝若不厭外物，復於靜處涵養，卻好。」

弟子劉君亮想要到山裡去靜坐。

王陽明對他說：「如果你是用厭煩外物的心，去山裡求得寧靜，反而會養成驕縱懶惰的脾氣；如果你不是因為厭煩外物，再到靜處去修養自己，卻是很好的。」

由此可見，王陽明不贊成人們為了求靜而靜坐。在他看來，過分執著於靜，容易空虛寂寞。因為靜坐並非只是尋求安靜那麼簡單，如果只是喜歡安靜，遇到事情就會忙亂，難以有長進。這樣靜坐，也只是表面看似收斂，實際上卻是放縱沉溺。

反對人們過於執著於靜的更重要原因，是王陽明推崇心無動靜的思想。在他看來，心之本體即良知，是恆常不變、無前後和內外之分而渾然一體的天理。動靜只從事情上看，**遵循天理就是靜，順從欲望就是動**，這其實就是人們經常說的動中有靜、靜中有動、動而無動、靜而無靜，以及無動無靜、有動有靜等觀點。王陽明認為，遵循天理雖然萬變而未嘗動，故動中有靜；順從欲望則心如槁木死灰亦未嘗靜，故靜中有動；有事感通是動，但其寂然之體未嘗增加，故動而無動；無事寂然是靜，但是感通的功能未嘗減少，故靜而無靜。王陽明所說的心無動靜，並不是說心沒有動靜，而是說它體用如一，故動靜合一，即沒有絕對單一的靜，也沒有絕對單一的動。

既然認定心無動靜，王陽明就不主張人們在「靜」上著墨，而是提倡動靜合一。在王陽明看來，動靜如一，人們如果循理去欲，就可以不求靜而心自靜；相反的，如果過於執著於靜，順從人們求靜的欲望而違背天理，心中就沒有清靜可言。

有一位仙人本來想到樹林裡參禪，但是樹林裡每天都有鳥叫聲，他嫌煩，於是改到水邊去參禪，但是水裡有很多魚在跳躍戲水，也有很多聲音，他又生起嗔恨心。

他恨鳥叫，幾乎要把樹林砍伐殆盡；他恨水裡的魚不停跳躍，於是就發下誓願：將來有一天，一定要把這些鳥和魚全部抓住。由於這個境界影響他的心，使心有所執著。最終，這個仙人未能參禪成佛，反而因為自己心中的那些惡念而被貶下凡，淪為一隻臭鼬。

這個仙人過分苛求安靜的參禪環境，致使心中生出求靜的妄念，並且產生對小鳥和魚兒的嗔恨心，最終破壞內心純淨的良知，也落得下凡為獸的結局。

總之，我們可以透過靜坐來養心，但是不要刻意地追求靜，因為過於追求靜也是一種妄想。如果我們過於追求靜，反而會無法達到靜的境界。當我們執著於靜的時候，所產生的效果正好背離我們的初衷。

第九章：「苦難」是進步之階——談逆境

人生有苦有樂，人們不僅要盡情享受順境時的快樂，也要懂得品味逆境中的痛苦，不論處於什麼樣的逆境，始終不要放棄希望。王陽明就是一個可以與逆境共處的人，他珍惜自己，熱愛生命，並且善於在逆境和失敗中迅速調整心態，適應新的環境，尋獲新的目標。如果人們可以像王陽明一樣不被生活中暫時的失敗與打擊和磨難嚇倒，始終樂觀地面對生活，就可以成為內心強大的人。

雖則聖賢別有真樂，而亦常人之所同有，但常人有之而不自知，反自求許多憂苦，自加迷棄。雖在憂苦迷棄之中，而此樂又未嘗不存，但一念開明，反身而誠，則即此而在矣。

弟子陸原靜說自己平時煩惱太多，不曾體會到真正的樂趣，因此真切地想要找到樂趣，王陽明開導他：「聖賢們雖然另有真正的快樂，然而這種快樂也是一般人共有的，只是一般人不知道這種快樂，反而給自己找來許多憂愁苦悶，丟棄真正的快樂。雖然在憂苦迷茫中丟棄快樂，但是真正的快樂並非就不存在，只需念頭明朗，在自己身上尋找，就可以真正感覺到快樂。」由此可見，每個人自身都有快樂，只是大多數人看不到這種快樂，反而向外面去尋找，結果卻得到許多憂愁苦悶。

生活中有苦有樂。生活的波浪在高峰的時候，人們就顯得快樂，在低谷的時候，人們就顯得痛苦。波浪永遠都是忽高忽低，沒有永恆的上揚，也沒有永恆的下降，所以人生是痛苦與快樂交織並行，二者相伴相生，既矛盾又聯繫。所謂「沒有痛苦也就無所謂快樂」，就是告訴我們要正確對待人生的苦樂。也就是說，人們不能只追求快樂，而討厭煩惱和痛苦。

王陽明二十八歲考上進士，正當他要為朝廷出力的時候，政治劫難降臨到他頭上。正德元年（西元一五〇六年），因為營救南京科道戴銑和薄彥徽等人，王陽明因而觸犯劉瑾，被罰廷杖並且下獄，再貶謫貴州龍場做驛丞。

在赴任的路上，劉瑾又派人跟蹤追殺。他僥倖逃過一死，之後他又乘坐一艘商船遊舟山，不料遭遇颶風，船漂流至福建武夷山。王陽明原本想隱居在武夷山，卻又擔心劉瑾找父親的麻煩，於是他到南京探望父親之後，就輾轉到達龍場。

身處逆境固然讓人們痛苦，卻可以砥礪人們的意志，使一個人由脆弱變得堅強，變得有韌性。王陽明歷經磨難，心性比以前更堅強。他開始瞭解群眾疾苦，為生民立命，在艱苦的環境中成長，最終建構心學理論。

人們經常說「吃得苦中苦，方為人上人」、「不經風霜苦，難得臘梅香」，成功的快樂，正是經歷艱苦奮鬥以後才可以得到。古人「頭懸樑，錐刺股」，苦則苦矣，但是他們下苦功實現上進之志，本身就是一種快樂，以苦為樂、苦中求樂，其樂無窮。

有一群弟子要去朝聖，師父拿出一個苦瓜，對弟子們說：「隨身帶著這個苦瓜，記得把它浸泡在每一條你們經過的聖河，並且把它放在你們朝拜的聖殿桌上，然後朝拜它。」

弟子朝聖走過許多聖河聖殿，並且依照師父的指示去做。回來以後，他們把苦瓜交給師父，師父叫他們把苦瓜煮熟，當作晚餐。晚餐的時候，師父吃了一口，然後語重心長地說：「奇怪啊！泡過這麼多聖水，進過這麼多聖殿，這個苦瓜竟然沒有變甜。」幾位弟子聽後立刻開悟。

苦瓜的本質是苦的，不會因為聖水聖殿而改變；人生也是苦的，即使是聖人也不可能改變，何況是凡夫俗子！梵谷一生潦倒困苦，沒有娶妻，但也許正是生活上的困窘，才使他在藝術上有很高的造詣，使他成為大師中的大師，使他的作品成為經典中的經典。

當我們接納苦，把苦看作是人生的必然歷程，苦就不再是世俗的「苦」。同樣的，當我們接受樂，把樂當作是生命的歷程，樂也不再是世俗的「樂」。享受生命的盛宴，享受所有的高潮與低谷，活在生命的苦樂之中，生命的苦樂就會被我們掌握在手中。

來書云：「夫子昨以良知為照心。竊謂良知，心之本體也；照心，人所用功，乃戒慎恐懼之心也，猶思也。而遂以戒慎恐懼為良知，何歟？」

能戒慎恐懼者，是良知也。

弟子陸原靜在給王陽明的信中問：「昨天先生說良知就是照心，但是我私下覺得良知是心的本體；照心，則是人們所下的功夫，就是隨時不忘檢點和警戒自己的心，和『思』相類似。先生卻把戒慎恐懼當作是良知，為什麼？」

王陽明回答：「可以讓人們戒慎恐懼的，就是良知。」這裡的良知，指的是人們不畏恐懼和面對恐懼的自信和勇氣。

恐懼是人們生命中難解的癥結之一。在自然界和人類社會，生命的進程從來都不是一帆風順而平安無事，總會遇到各種各樣意想不到的挫折與失敗和痛苦。一個人如果預料將會有某種不良後果產生或是受到威脅，就會產生恐懼，並且為此緊張不安，從輕微的憂慮到驚慌失措。

從心理學上看，**恐懼產生的根源在於人們根深蒂固的依賴情結**，對別人的依賴、對物質的依賴、對思想的依賴都會帶來恐懼。也就是說，我們不夠獨立，不能完全做自己而必須仰仗別人，我們的內心就會充滿不安和恐懼，害怕被遺棄，害怕失去已有的一切。

當我們發現依賴其他人和事並不能幫助我們擺脫恐懼時，我們會轉而向自我的心靈求救，試著培養那些可以與恐懼抗衡的力量，例如：勇氣、信任、知識、希望、屈從、信仰、愛。這些力量不僅幫助我們接納恐懼，分析恐懼，還以百折不撓的精神與恐懼奮戰。有這些力量的庇護，我們就可以交出自己，避開那些阻塞生命能量流動的恐懼。

說到交出自己，許多人也許會疑惑：「交出自己，多少都會攪亂我們原有的生活，也許還會破壞我們的私人空間以及人格的完整。」因為每次打開心扉、每次心有所屬、每次為愛戀的人付出的時候，人們都會不由自主地處於手無寸鐵而敏感脆弱的境地，進而妥協讓步，把自己完全交給另一個人，更是冒著極大的風險，往往會讓人們陷入害怕失去自我的恐懼。然而，當你真正嘗試去做這些的時候，你會發現你的心中只有愛，沒有恐懼。

對於這一點，王陽明十分贊同。在他看來，**致良知，就是要求人們用自信去面對恐懼，因為戰勝恐懼的力量只在我們直接面對恐懼事物的瞬間產生。**如果想得越多，潛能就會被自己封鎖得越嚴，最後只會相信自己絕無那種抗拒恐懼的能力。相反的，如果你忘記恐懼，自信而且勇敢地面對生活，坦然地面對生活中的苦難，你會發現，生活原來一直都很美好。正如魯迅所說：「人生的旅途，前途很遠，也很暗。然而不要怕，不怕的人的面前才有路。」

人於此處多認做天理當憂，則一向憂苦，不知已是「有所憂患，不得其正」。

王陽明認為，人們在遭遇父母過世這樣的傷心事情時，認為按照天理就應該憂慮，因此經常恨不得立刻哭死來化解心中的痛苦，一味地愁苦，卻不知道「過度愁苦以至於不能保持心態中正平和」的道理。內心如果不能中正平和，做人做事就容易失去分寸。其實，王陽明是在告誡人們要正確對待不如意的事情，不要過度悲傷和愁苦。

從心理學的角度來說，悲傷和愁苦等消極的情緒經常會讓人們失去判斷力。所以，一個人在悲傷和愁苦的時候，一定不要進行重要事情的裁決，尤其是可能會對我們的生活產生深遠影響的人生大事，因為悲傷和愁苦會使你的決策缺少深入全面的思考。一個人在看不到希望的時候，仍然可以保持樂觀，仍然可以善用自己的理智，是十分不容易的。

俗話說：「世上不如意之事，十常八九。」在現實生活中，每個人都有不順心和不如意的事情，這是無法避免的。但值得慶幸的是，我們雖然不能決定外界的環境，但是可以決定自己的心靈選擇。

當心停留在事物的積極方面時，我們將會發現事物的光明面，會從中得到有益的啟示。也就是說，當你善於用積極和樂觀的心態來看問題的時候，任何不如意之事都像是上天賜予的禮物，可以讓你看到機會和得到心靈上的成長。

一個人從事銷售工作的第一年，因為經驗不足而經常遭到別人的拒絕，使他的心靈受到很嚴重的打擊和折磨，消沉到近乎絕望的地步。

有一天，他鬱悶地來到空曠無人的鄉下散步，想要放鬆身心。在田野間小便的時候，看到一隻青蛙蹲在田邊，無聊之下，就把尿撒在青蛙的頭上。

他原本以為會看到青蛙在突如其來的襲擊下大吃一驚，狼狽逃跑的情景。誰知道，那隻青蛙不僅毫無逃走的意思，還睜著眼睛舒服地蹲在那裡，一副享受的模樣。在牠看來，這似乎不是一種羞辱，而是一次暖和舒適的溫水淋浴。

那個推銷員看到這個情景，心中閃過一道靈光：「以前我總是把客戶的拒絕視為對自己的羞辱，我可以改變自己的心境嗎？就像那隻青蛙一樣，把無理的羞辱視為一種享受，當作一種提升自己心靈不可缺少的機會。這樣一來，即使遭到再多的拒絕，只要保持冷靜、接納、樂觀的心境，所謂的羞辱又怎麼進入我的內心？」

自從悟得這個道理以後，他不再害怕別人的拒絕，反而深入瞭解每次被拒絕的原因，用以提升自己的銷售能力，業績也越來越好，成為名副其實的推銷之王。

如果故事中的銷售員沒有正確對待客戶的屢次拒絕，他的消極情緒就會阻礙他繼續努力工作，也不會有後來的成功。

每一天，生活會帶給我們何種情緒，其實都是由我們的心靈如何去看待它所決定。即使在遭遇危機的時候，如果可以正確對待那些不如意的事情，不要過度愁苦，而是用接納和積極的心態來面對生活，就可以獲得一個有意義而快樂的人生。

譬如行路的人遭一蹶跌，起來便走，不要欺人，做那不曾跌倒的樣子出來。

王陽明認為，面對失敗要保持淡定，就像一個人在走路的時候突然摔倒，爬起來拍拍灰塵，審視身體沒有摔傷以後繼續走路，而不要自欺欺人裝出沒有摔倒的模樣，更不要站在原地不敢動。

輝煌與低谷、成功與失敗，只是人生的一段旅程。今天的輝煌不代表日後的成功，今天的失敗也不能代表日後的低谷。正是這些不同的旅程才成就此時此刻的我們，塑造以後的我們。然而在低谷和輝煌以及失敗和成功轉化的過程中，每個轉折都需要我們從容面對，勇敢繼續下一段旅程。

貶謫龍場可以算得上是王陽明仕途生涯中的一次失敗，但是面對失敗，他沒有自暴自棄，而是思考儒佛道思想，於艱難的生命波濤中尋找立身之本。他針對程朱理學越來越脫離人類的生命而知識化和外在化的傾向，尤其是其未暴露出來的支離破碎的弊病，以更簡易直接的功夫與「先立乎其大」的入手方法，開闢另一條與朱子不同的成德之學，進而拓寬主體自立自主的精神價值世界，展示道德自律與人格挺立的實踐精義及具體路徑。正是因為王陽明淡定地面對自己的失敗，學會從失敗中汲取力量，才開創心學。

每個人都可能面對失敗，對生活的如意或不如意有決定作用的，並不是人生的際遇，而是思想的瞬間。成功或失敗，有時候也不是由個人的努力所決定，而是取決於意念的轉換。當生活與感情都陷入泥沼的時候，如果連開啟下一段旅程的勇氣都沒有，豈不是要陷在失敗的泥沼中永遠痛苦嗎？

一個秀才悠閒地走在路上，這個秀才背著詩詞，搖頭晃腦，滿是愜意的模樣。

秀才出門已經一年多，他原先是進京趕考，但是考場失利，名落孫山，心情黯淡地整日借酒消愁。兩個月以前，他和幾個朋友共遊，與一個老人相談，秀才道出心中的苦悶，老人聽後說：「昨天早上與你說話的第一個人是誰？」

秀才回答：「我已經忘記了。」

「明天你會遇到什麼人？」

「我哪裡知道，明天還沒有來。」

「此時此刻，你面前有誰？」

秀才愣了一下，說：「我面前當然是您啊！」

老人輕輕點頭說：「昨天之事已忘卻，明日之事尚未來，可以把握的唯在此刻，你又何必對過去之事耿耿於懷，因為明天不可知，昨日已過去，不如放下掛念，平淡對之，你沒有失去什麼，只是重新開始而已。」

秀才瞪大雙眼，等著老人繼續說下去。

老人接著說：「既然是新的開始，又何來執著於以前？如潺潺溪水，偶被沙石所阻，但其終究萬里波濤始於點滴。你可曾明白？」

秀才微笑著點點頭，此刻的他，已經有新的打算。在京城辦完一些事情以後，秀才告別朋友，踏上回家的路途。他決定三年之後，再考一次。

人們經常說：「**害怕失敗是因為想得太多，想得太多是因為情緒太盛。**」秀才考場失利以後頓覺無望，也是同樣的道理。幸好他的心境及時歸於平淡，目標得以重新確立。在這個秀才身上，看到的不是放棄以後的心如止水而兩眼迷離，而是再度追逐的豁然，因為這種豁然，不再對過去的遺憾耿耿於懷，不再對未知的將來做不確定的暢想，心落在此時此刻，即此時此刻需要做的事情以及如何將其做好。

作家林貴真說：「生命是一個橘子，自己決定生命，就像你選擇買這個橘子，酸甜就要自己負責。生命是一個橘子，一瓣跟著一瓣，有時候是甜的，有時候是酸的，但是也要親自嘗過才酸甜自知。」生命原本是一段路，每一段旅程都需要一個開始，都需要你自己去體驗和鍛鍊，去接受成功與失敗。

事實上，成功者可以不斷獲取成功不是在於他們有多麼智慧，而是在於他們無論是成功或失敗都敢於往前邁一步，哪怕只是小小的一步，都是距離成功更近一步。王陽明之所以鼓勵人們在摔倒以後爬起來繼續走，是因為他深知淡定地面對失敗是從失敗走向成功的最快方法。

聖人之道，吾性自足，向之求理於事物者誤也

王陽明被遠貶龍場初期，不能適應當地生活的艱苦以及精神上的寂寞，心情十分悲涼。為了排遣心中的鬱悶，他日夜端居默坐，澄心靜慮，希望透過靜坐來理清自己的思緒。這是耐得住寂寞的表現，他也因此悟出一個道理：「**聖人處世，在於自足七性，而不在向外求理。**」從此，王陽明就開始用寂寞催生自己心靈成長的龍場悟道之旅。

在成功之前，大多數人必定要經歷一段被自己埋沒也被別人埋沒的過程。在這段時間裡，如果因為不被賞識而暴躁不安，很可能會前功盡棄；如果暫時安下心來，耐心等待，於寂寞中養精蓄銳，甚至享受寂寞，這種經歷往往會讓整個人生受益匪淺。

寂寞固然令人痛苦，但是也可以讓人變得更堅強和成熟。安靜的環境可以讓一個人獲得心靈的寧靜，不容易受到外界雜務瑣事的干擾。每個想要突破目前困境的人首先要耐得住寂寞，只有在寂寞中才可以促使心靈的成長。正如一位西方哲學家所說：「**世界上最強的人，也是最孤獨的人。只有最偉大的人，才可以在孤獨寂寞中完成他的使命。**」

王陽明在貶謫期間，飽嘗各種人生摧殘與折磨。為了擺脫寂寞和苦楚，他興辦書院傳遞文化，經常和當地民眾交流，深刻感受到當地民眾質樸人性的可貴。例如：彝族首領安貴榮知道他在龍場的艱難處境以

後，主動給予他生活上的照顧，使他透過與少數民族「禮益隆、情益至」的密切交往，激發他悟道傳道的熱情。王陽明用他的親身經歷證明一個真理：只要可以耐得住寂寞，不斷充實自己，當機會向你招手的時候，就可以很好地把握和獲得成功。

耐得住寂寞，是所有成就事業者都遵循的一項原則。它以踏實、厚重、沉思的姿態，以嚴謹、嚴肅、嚴峻的態度，追求各種人生目標。當人生目標價值得以實現的時候，不喜形於色，而是以更低調的人生態度去探求另一個奮鬥目標和途徑。

只要你耐得住寂寞，寂寞就不是一種痛苦，而是一種清福。就像梁實秋先生所描繪的那樣：「寂寞是一種清福。我在小小的書齋裡，焚起一爐香，嫋嫋的一縷煙線筆直地上升，一直戳到頂棚，好像屋裡的一切是絕對的靜止，我的呼吸都沒有攪動出一點波瀾似的。我獨自暗暗地望著那條煙線發怔。屋外庭院中的紫丁香還帶著不少嫣紅焦黃的葉子，枯葉亂枝的聲響可以很清晰地聽到，先是一小聲清脆的折斷聲，然後是撞擊枝幹的磕碰聲，最後是落到空地上的拍打聲。這個時候，我感到寂寞。在寂寞中，我意識到我自己的存在——片刻的孤立的存在。」

如果你勇敢地接受寂寞和擁抱寂寞，以平和的愛心關愛寂寞，你會發現：寂寞並不可怕，可怕的是你對寂寞的懼怕；寂寞也不煩悶，煩悶的是你自己內心的空虛。寂寞的人，往往是感情最豐富和細膩的人，他們可以體驗別人不能體驗的生活，感悟別人不能感悟的道理，發現別人不能發現的思想，獲取別人不能獲取的能量，最後成就別人不能成就的事業。因此，王陽明提倡人們應該接受寂寞，並且學會用寂寞促進心靈的成長。

常人之心，如斑垢駁雜之鏡，須痛加刮磨一番，盡去其駁蝕，然後纖塵即見，才拂便去，亦自不消費力，到此已是識得仁體矣。

王陽明認為，聖人的心如鏡子般明亮，一點纖塵都無所容。普通人的心就像一面滿布塵埃的鏡子，必須要狠狠地刮磨鏡面上的汙垢，才可以清楚地照見自己的本來面目，即使偶爾沾惹上灰塵也要很快地擦拭。如果人們可以做到這一點，就已經是致良知。這其實就是王陽明經常說的「在事上磨練」的功夫。

《詩經》中說：「如切如磋，如琢如磨。」意思是說，人生猶如一塊璞玉，必須在切、磋、琢、磨中精心打磨，只有努力雕琢這塊璞玉，才可以使它成為完美無瑕的藝術品。王陽明的一生歷經各種艱難險阻，在他看來，這些都是磨練心性的過程。

《傳習錄》中記載：王陽明的學生陸澄暫居鴻臚寺的時候，突然接到家中的來信，說是兒子病危。聽到這個消息以後，陸澄甚是擔憂。王陽明開導陸澄，這正是一個磨練的機會，平日講學探討都沒有什麼用。只有在遇到困難的時候用功夫，才可以真正提升自己的能力。

王陽明就是抱持想要到達更高的人生境界就要經歷千苦百難的心態，磨練自己的心性，體會人生的味道，慢慢雕琢粗糙的自我，逐漸將心性打造成美玉。像王陽明這般，仔細琢磨自己的人生，會發現頑石中隱藏連自己都不曾察覺的美玉。如果不精雕細琢，安於粗陋的人生，我們終將平庸一世。

很久以前，有一個養蚌人，他想培養一顆世界上最大最美的珍珠。他去海邊沙灘上挑選沙粒，並且一顆一顆地問那些沙粒，願不願意變成珍珠，那些沙粒都搖頭說不願意。養蚌人從清晨問到黃昏，他快要絕望了。

就在這個時候，有一顆沙粒答應他。

旁邊的沙粒都嘲笑那顆沙粒，說它去蚌殼裡住，遠離親人和朋友，見不到陽光，甚至還缺少空氣，只能與黑暗和孤寂為伍，非常不值得。可是那顆沙粒還是無怨無悔地隨著養蚌人走了。

物換星移，幾年過去了，那顆沙粒已經長成一顆晶瑩剔透而價值連城的珍珠，曾經嘲笑它的那些夥伴們，依然只是一堆沙粒，甚至有些已經風化成土。

我們只是眾多沙粒中最平凡的一顆，但是只要我們有成為珍珠的信念並且堅定不移，當走過黑暗與苦難的隧道時，我們就會驚訝地發現，在不知不覺中，我們已經成長為一顆珍珠。

雕硯也是如此，硯石最初都是工匠從溪流裡涉水挑選而來，石塊呈灰，運回以後首先要曝曬，因為許多石頭在溪流裡十分精緻，卻有難以察覺的裂痕，只有不斷地日曬雨淋才可以顯現。未經打磨的石頭，表面粗糙，不容易看出色彩和紋理，但是在切磨打光之後，就可以完美而持久地呈現。雕硯最重要的一步就是修底，因為底不平，上面不著力，就沒有辦法雕好，無論多麼細緻的花紋與藻飾，都要從最基礎開始。

做人也是如此，無論表面怎麼樣，經過琢磨，才會呈現美麗的紋理。王陽明注重的是將受到束縛的常人之心變換為聖人之心，這雖然是一個很艱難的改變過程，但是擁有永遠不退縮的勇氣和毅力就可以完成。人生是要經過磨練的，不經過反覆磨練，自己就會一直停留在原始的狀態。無論在怎樣的環境裡都要精心琢磨，否則就不可能成就自己的人生，實現自己的價值。

從心理學上看，恐懼產生的根源在於人們根深蒂固的依賴情結，對別人的依賴、對物質的依賴、對思想的依賴都會帶來恐懼。

第十章：仁者，將心比心——談仁愛

在王陽明看來，仁是人心，是人之所以為人之所在。仁是人類最高的道德原則、道德標準、道德境界。人們要從自己的內心求仁，只有自己的仁與世間萬物融為一體，將心比心，才可以愛一切人，誠心誠意地幫助別人，而不是指責和批評別人的過失，才可以真正成為具有智慧和魅力的仁者聖賢。

「仁者以天地萬物為一體」，使有一物失所，便是吾仁有未盡處

在王陽明看來，仁愛的人把天地萬物看作一個整體，如果有一物失常，就是自己的仁愛還有不完善的地方。

為了進一步闡述天地萬物共為一體的道理，王陽明又說：「禽獸與草木同是愛的，把草木去養禽獸，又忍得？人與禽獸同是愛的，宰禽獸以養親與供祭祀宴賓客，心又忍得？至親與路人同是愛的，如簞食豆羹，得則生，不得則死，不能兩全，寧救至親，不救路人，心又忍得？」意思是說，人們同樣喜愛動物與草木，怎麼忍心拿草木去飼養禽獸？同樣熱愛人們與禽獸，為什麼忍心宰殺禽獸去供養父母與祭祀和招待賓客？對至親的人與路人同樣充滿仁愛，但是如果只有一簞食一豆羹，無法保全兩方的性命，怎麼忍心只讓至親的人吃了活命，讓路人餓死？

《論語》中記載樊遲問什麼是仁。孔子說：「可以愛所有人就是仁。」孔子所說的「所有人」，並不僅指人類這種生命，而是泛指世界上的所有生命，這才是聖人的「仁」。由此可見，孔子的仁是建立在人類最高可能的平等性基礎上，是沒有半點私心的。

《莊子・內篇・大宗師第六》中寫道：「有親，非仁也。」也就是說，只要帶有一點私情，就已經不算是仁。佛家講求慈悲平等，則是愛一切眾生。仁慈是愛天下，沒有私心。有所親，有所偏愛，就不是仁

的最高目的。

有一個農夫的妻子去世了，請法師來為他的亡妻誦經超渡。法事完畢以後，農夫問：「大師，您認為我的妻子可以從這次法事中得到多少收益？」

法師如實回答：「佛法就像慈航，普渡眾生；就像日光，遍照大地。不只是你的妻子可以得到利益，一切有情眾生無不從中得益。」

農夫聽了有些不滿意：「我就知道是這樣。可是我的妻子很嬌弱，其他眾生也許會佔她便宜，把她的功德奪去。請您這次只為她誦經，不要迴向給其他眾生，可以嗎？」

法師慨嘆農夫的自私，但是仍然慈悲地開導：「迴向是好事情啊！你看，天上只有一個太陽，但是萬物皆蒙照耀，一粒種子可以生長萬千果實。你應該用你的善心點燃這根蠟燭，去引燃千千萬萬支蠟燭，世間的光亮就會增加千百萬倍，而且這支蠟燭不會因此而減少光亮。」

農夫想了一下，知道無法說服法師，只好讓步：「好吧，但還是要請法師破例，我有一位鄰居，平日裡總是欺負我，如果可以把他除去在一切有情眾生之外就好了。」

法師忍不住以嚴厲的口吻說：「既然是一切眾生，哪裡來的除外？」

佛法的功德在於普渡眾生，豈有為一人超渡之理？

在王陽明看來，聖人的心與天地萬物為一體，他們看待天下的人，沒有遠近內外之別，凡是有生命的都是兒弟兒女，都要教養他們，使他們安全，以實現自己與天地萬物一體的信念。普通人的心原本與聖人的心並無差別，只是後來夾雜私心，內心的良知逐漸被物欲蒙蔽，以萬物為一體的仁愛之心就變成狹隘的私心；有私心，就生出愛與憎的情緒，就將萬物分化開來。

可見，如果人們可以消除內心愛與憎的區分，把天地萬物看作一個整體，愛所有事物，就可以恢復通透的良知，獲得人生的成功與幸福。

「親民」猶《孟子》「親親仁民」之謂，「親之」即「仁之」也。「百姓不親」，舜使契為司徒，「敬敷五教」，所以親之也。

王陽明認為，「親民」就像《孟子》中所說的「親親仁民」，「親之」就是仁愛的意思。百姓不仁愛，舜就讓契擔任司徒，「敬敷五教」，讓他們互相親近。想要和別人互相親近仁愛，人們就要將心比心，推己及人。在這一點上，王陽明可謂最佳典範。王陽明的一生中，無論是被貶龍場還是官居高位，始終和百姓保持親密的聯繫，做到將心比心，仁愛百姓。

「仁」是儒家學說中最重要的一個概念。在孔子眼裡，無論是「好仁者」或「惡不仁者」都有仁愛的心，人性本善的另一層意思就是人性本仁。「己所不欲，勿施於人」也是一種仁愛的表現，如果我們給別人東西，最好想想對方或自己到底想不想要，如果連自己都不想要，最好還是把這個東西拿回去。

每個人在社會上都不是孤立的，周圍有許多與自己共同學習與工作和生活的人，為了使學習順利、事業成功、生活幸福，人們都願意建立良好的人際關係，推己及人則是實現人際關係和睦融洽的重要途徑。要做到推己及人，首先要做到「己所不欲，勿施於人」，然後再進一步做到「己欲立而立人，己欲達而達人」。也就是說，一個有仁德的人，自己想要站得住，同時也要幫助別人站得住，自己想要每件事情行得通，同時也要幫助別人每件事情行得通，真正做到己立立人和己達達人。

南宋詩人楊萬里的妻子在古稀之年，每到天寒的時候，天不亮就很早起來，然後徑直走進廚房，熟練地生火、燒水、煮粥。滿滿的一大鍋粥要熬上很長時間，楊夫人每次都耐心地等著。清甜的粥香順著熱氣逐漸充滿廚房，飄到院子裡。院子的另一邊，僕人們伴著這股熟悉的香氣陸續地起床，洗漱完畢以後，來到廚房，並且接過楊夫人盛好的一大碗熱粥喝起來。

楊夫人的兒子楊東山看到母親忙碌的身影，甚是心疼。有一次，他勸母親：「天氣這麼冷，您又何苦這麼操勞？」楊夫人語重心長地說：「他們雖然是僕人，但也是各自父母牽掛的子女。現在天氣這麼冷，他們還要幫我們家裡工作，讓他們喝一些熱粥，心中有一些熱氣，工作起來才不會傷身體。」一席話說得兒子點頭稱讚。

楊夫人可以做到慈悲為懷，就是因為她是一個心地善良而懂得體貼與關懷的人。她會設身處地體會別人的切身感受，可以為別人著想。她的一席話既教育兒子，也溫暖僕人們的心。

隨著社會的不斷進步和發展，人們的交往越來越密切，人際關係也越來越複雜，培養推己及人的美德和妥善經營人際關係就顯得尤為重要。我們要以愛己之心來對待別人，無論做什麼事情，都要以自己的感受去體會別人的感受，以自己的處境去想像別人的處境，站在對方的立場上，將心比心，把別人當作自己來對待，設身處地為別人著想，才可以收穫真正的情義。

然而，不是所有的事情都要「己所欲」才施於人，推己及人也要有自己的「道」，也就是原則。不是所有於己有益的東西都適用於別人，也不是所有對某個人有益的東西別人都可以接受。在他們不想接受的時候，絕對不能以「這是為他們好」為理由，強迫其接受，因為每個人對好的定義不同，都有自由選擇的權利，我們如果侵犯這個權利，不是也掉進「己所不欲，勿施於人」的陷阱嗎？

怒所不當怒，是怒鬼迷

在王陽明看來，一個人不應該發怒的時候發怒，就是被怒鬼迷住心竅。這種怒其實就是人們經常說的遷怒別人的行為。「不遷怒」語出《論語・雍也》，意在勸誡人們有什麼不順心的事情，有什麼煩惱和憤怒，不要將其發洩到別人身上，不要把不相干的人當作出氣筒。

遷怒別人是許多人都會犯的過錯，被遷怒的對象往往是人們身邊最親近的人：家人和朋友，主要在於人們認為家人和朋友會給予自己足夠的包容和忍耐，而且即使他們出言反駁，也不會用惡毒的語言攻擊，因而不容易破壞彼此的情感。

心理學上有一個著名的「踢貓效應」，就是說「遷怒」帶來的連鎖反應。

A是一家公司的行銷部主管，某日，A在上班的時候因為塞車心情不好，而且還被警察罰款，來到公司以後他一臉陰沉。這個時候，A的下屬B因為工作來找A匯報，B理所當然成為A的情緒宣洩對象。

B莫名其妙地被主管批評一頓，本來很好的心情立刻也變壞了，而且一整天都悶悶不樂。晚上下班回家，B的兒子小C看到爸爸回來，很得意地將自己在幼稚園畫的作品拿給爸爸看，希望得到爸爸的表揚。B很煩躁，不僅沒有表揚兒子，反而罵他一頓。

小C莫名其妙地被爸爸罵一頓，心裡十分委屈，卻又不知道說什麼。這個時候，他家的小貓經過他面前，小C狠狠地踢貓一腳……

故事中的每個人都犯了「遷怒」的錯誤，於是就讓這種壞情緒不斷地延續下去，為生活帶來無窮無盡的苦惱。

國學大師南懷瑾在一篇雜談《天吶！媽呀！》裡列舉一個故事：

第一次世界大戰以前，普魯士知名首相俾斯麥與國王威廉一世共同合作，使以普魯士為中心的德國強盛起來。威廉一世的脾氣向來不好，因為到處受到俾斯麥的約束，回到後宮以後經常氣得亂砸東西。

有一次，皇后問他：「你又受俾斯麥那個老頭的氣？」威廉一世說：「對呀！」皇后說：「你為什麼總是要受他的氣？」威廉一世說：「你不懂。他是首相，一人之下，萬人之上。下面許多人的氣，他都要受。他受氣以後往哪裡發洩？只好往我身上發洩啊！我當皇帝的又往哪裡發洩？只好摔茶杯啦！」

因為不能遷怒，所以威廉一世只好隱忍，而在他的隱忍之下，德國變得強盛起來。

遷怒往往會帶來一連串的不良後果，如果我們可以修練自己不遷怒於人的品德，久而久之，自己的性格也會發生轉變，個人修養也會得到提升。

不遷怒，也符合孔子「己所不欲，勿施於人」的「忠恕」之道。孔子說，人們不應該把對自己的要求套用在別人的身上，自己可以做得到，不必一定要求別人做到。遷怒也是這個道理，人們的心中有憤恨，不要把別人當作出氣筒，自己消化豈不是更好，還顯得很有涵養。

王陽明追求內心的平和中正，因此他一再告誡人們不要發怒，更不要在不應該發怒的時候發怒，尤其是不要遷怒別人，以免給別人和自己帶來傷害。

先生曰：「大凡朋友，須箴規指摘處少，誘掖獎勸意多，方是。」

王陽明認為，朋友們相處，應該少一些規勸指謫，多一些獎勵鼓舞，這樣才對。不只是針對朋友要如此，在人際交往中也應該少一些批評，多一些鼓勵，才可以維持良好的人際關係。

很多人喜歡批評別人，批評是誰都會做的事情，很簡單，但是對於那些被批評者而言，就是無盡的痛苦，輕者變得沒有自信，嚴重的甚至自暴自棄，最後毀掉一生。對比批評給人們帶來的消極影響，讚美更容易讓人接受，也是人際交往中最有影響力的方法。

這個世界上，有誰不喜歡被別人讚美？喜歡被別人讚美是人類的天性，而且從社會心理學角度來說，讚美是一種有效的交往技巧，可以縮短人與人之間的心理距離。有一個故事，說的就是這個道理：

甲乙兩人在一家公司任職，有一次，兩人發生衝突。某一天，甲對同事丙說：「你去告訴她，我真的無法忍受她，請她改正自己的壞脾氣，否則我再也不會理她。」丙說：「好，我會處理這件事情。」丙去找乙。之後，當甲遇到乙的時候，覺得她不再那麼盛氣凌人，而且還跟甲友善地打招呼。

在之後的日子裡，乙變得和氣又有禮貌，與從前相比，簡直判若兩人。甲向丙表示謝意，並且好奇地問：「你是怎麼說服她的？」丙笑著說：「我只是跟她說，有很多人都稱讚她，尤其是你，說她又溫柔又善良，長得漂亮，脾氣也好，人緣也好！如此而已。」

批評和指責別人，只會帶來更多的怨懟和不滿，不僅無法解決問題，還很容易使人與人之間關係惡化。相反的，如果採用讚美的方法，問題就會很容易解決。

法國名人拉羅希福可曾經說：「**理智、美麗、勇敢的讚揚提升人們，完善人們。**」所以，在人際交往中，我們不妨嘗試讚美別人，努力挖掘別人的優點，這也是王陽明所推崇的仁愛精神。

且如事父，不成去父上求個孝的理；事君，不成去君上求個忠的理；交友、治民，不成去友上、民上求個信與仁的理。

王陽明認為，如果人們為了行善而行善，就不是真正的仁者。例如：侍奉父親，不是為了從父親那裡得到「孝」的美名；輔助君王，不是為了從君王那裡得到「忠」的稱讚；結交朋友和治理百姓，不是為了從朋友和百姓那裡得到「守信」和「仁愛」的讚譽。

《論語・先進》中寫道：「子張問善人之道。子曰：『不踐跡，亦不入於室。』」意思是說，子張問怎樣算是一個好人，怎樣做才是行善？孔子的答覆是：「不踐跡，亦不入於室。」什麼是「不踐跡」？就是不留一絲痕跡，我們可以借用道家莊子所說的「滅跡易，無行地難」來加以理解。我們在電影中經常看到壞人的一些做法：他們在做案的時候要戴上手套，做案之後還要毀屍滅跡，讓員警無法追查到他們的行蹤。如果人們把這種「不踐跡」的態度用到行善做好事上，就可以很好地致良知，讓世界更和諧更快樂。

生活中，有些人做好事是希望別人對他感恩戴德，或是希望別人可以看見他做好事，這樣其實不算是真正做好事。孔子認為，一個真正行善的人，不會讓人感覺到他做事的痕跡。孔子還強調做好事應該注意方法，例如：你傷害別人的自尊，你的行善就不能算是行善。

有一家賣布丁的商店，將許多美味的布丁擺放成一排。顧客可以選擇自己喜歡的口味，店家甚至還允許顧客先品嘗，然後再做決定。

店主海特經常想，會不會有些根本不打算買布丁的人利用這個優惠的機會白吃？有一天，他向女店員提出這個問題，才得知確實有這樣的事情。

她說：「有一位老先生，他幾乎每個星期都來這裡品嘗每種布丁，儘管他從來不買什麼，而且我懷疑他永遠也不會買，我從去年甚至前年就記住他。唉，如果他想來就讓他來吧，我們也歡迎。而且，我希望有更多商店讓他去品嘗布丁。他看起來好像確實需要這樣，我想大家都不會在乎的。」

就在她跟海特說話的時候，一位上年紀的先生一瘸一拐地來到櫃檯前，開始興致勃勃地仔細打量那排布丁。

「哎，那就是我剛才跟你說的那位先生。」女店員輕輕地對海特說：「現在你就看著他吧！」說完，又轉身對老先生說：「先生，您想品嘗這些布丁嗎？就用這把湯匙好了！」

這位老先生衣著破舊，但是很整潔。他接過湯匙，開始急切地一個接一個地品嘗布丁，只是偶爾停下來，用一塊大手帕擦拭他發紅的眼睛。

海特看到他的手帕已經完全破了。

「這種不錯。」

「這種也很好，但是稍微油膩一點。」

海特心想：看起來，他真誠地相信自己最終會買下一個布丁，他完全不覺得自己是在欺騙店家。可憐的老人！也許他從前有錢來挑選自己最愛吃的布丁，如今他已經家境破落，可以做到的也只是這樣品嘗而已。

海特突然產生惻隱之心，走到老人面前說：「對不起，先生，可以賞臉嗎？讓我為您買一個布丁吧，這樣會讓我深感欣慰。」

聽完海特的話，老先生好像被刺到似的往後一跳，熱血衝上他布滿皺紋的臉。

「對不起！」他的神態比海特根據其外表想像出的更高傲：「我想，我跟你並不相識，你一定是認錯人。」

說完，老先生轉身對女店員大聲說：「麻煩把這個布丁替我包好，我要帶走。」他指著最大的也是最貴的那個布丁。

女店員從架子上取下布丁，開始打包。這個時候，他掏出一個破舊的黑色皮夾，開始數著他那些零散而少得可憐的錢，然後將它們放到櫃檯上。

一個真正行善的人，在幫助別人的時候，絕對不會表現得像一個高高在上的施捨者，這是對別人人格的尊重。由此可見，做一個好人也不是那麼簡單的事情。

為了行善而行善，就不是真正的行善，而是為自己博取「仁」的美名。真正的行善，應該是「好事不留名」，在幫助別人的同時也顧及別人的自尊，才是王陽明所認同的仁愛精神。

喜歡被別人讚美是人類的天性，而且從社會心理學角度來說，讚美是一種有效的交往技巧，可以縮短人與人之間的心理距離。

第十一章：學習要從心上下功夫——談讀書

讀死書和死讀書，無法參透書中蘊涵的人生智慧。因此，王陽明一再勸誡我們：做學問必須在自己的心上狠下功夫，凡是看不明白和想不通的，回到自己的內心仔細體會。四書五經闡述的只是心體，這個心體就是所謂的「天理」，體明就是道明，再也沒有其他的。這是讀書做學問的關鍵，也是獲得人生幸福的關鍵。

良知不由見聞而有，而見聞莫非良知之用。故良知不滯於見聞，而亦不離於見聞。

在王陽明看來，良知雖然不是來自人們平時的見聞，但是人們的知識大多是從見聞中產生，即見聞都是良知的運用。因此，良知不局限於見聞，但是也無法脫離見聞。

對於見聞這個問題，王陽明認為人們要做到「博文」即是「唯精」，「約禮」即是「唯一」。人們只有廣泛地在萬事萬物上學習存養天理的方法，才可以求得至純至精的天理，才可以求得天理的統一與完整，因為天理只有一個。在王陽明眼裡，見多識廣才可以更好地致良知，獲得心靈的平靜和喜悅。

《禮記．中庸》有云：「博學之，審問之，慎思之，明辨之，篤行之。」這裡說的是為學的幾個層次，或者說是幾個遞進的階段。「博學之」即為學首先要廣泛地獵取，培養充沛而旺盛的好奇心。好奇心喪失，為學的欲望隨之消亡，博學遂為不可能之事。「博」也表示博大和寬容，唯有博大和寬容，才可以相容並包，使為學具有世界眼光和開放胸襟，真正做到「海納百川，有容乃大」，進而「汎愛眾，而親仁」。因此博學可以成為為學的第一階段，沒有這個階段，為學就是無根之木和無源之水。

縱觀歷史長河，那些成功的大師和智者都是滿腹經綸和學富五車，他們到處學習和遊歷，最後到達博學多才的境界。

星雲法師曾經說：「從小我就喜歡閱讀名人傳記，我發現成功幾乎都屬於勤奮工作的人，驕奢放逸的人註定要走向失敗的命運。多年以來，我走訪很多地方，深深感到前途充滿希望的國家，往往都擁有樂觀進取的人民；反之，落後貧窮的國度裡，不知勤奮生產的人比比皆是。我發現那些具有恆心毅力而可以百折不撓的朋友們，活得最充實幸福。所以我經常告誡徒眾：『博學多識，是善德，是財富；才疏學淺，是罪惡，是貧窮。』」

在星雲法師看來，人們想要成功，首要就是做到博學，博學的首要就是讀書學習，正如《貞觀政要・崇儒學》中所說，**雖然上天給予人們良好的品性和氣質，但是必須博學才會有所成就**。就像一塊玉石，要進行打磨才可以展現它的完美；木材雖然本性包含火的因素，但是要依靠發火的工具才可以燃燒；人類的本性包含聰明和靈巧，要到學業完成的時候才可以顯出美的本質。

一般說來，知識越淵博和閱歷越豐富的人，應變能力就會越強。他們反應敏捷，遇到緊急情況的時候，可以調動長期累積的生活經驗和各種知識思考解決，進而使「山重水複疑無路」轉化為「柳暗花明又一村」。一個人的社會知識多，閱歷豐富，就懂得一些社會因素和心理因素，在與別人交談的時候，就會更得體更有分寸。所以，要成為一個成功者就要多掌握一些知識，這不僅是人際交往之必須，更是讓心靈寧靜和喜悅的最佳保證。

尤其在當今，現代科學一方面高度分化，另一方面高度綜合，邊緣學科相繼產生，自然科學和社會科學逐漸交融。這樣一來，就要求我們既要學習社會科學，又要學習自然科學；既要廣泛涉獵，又要學有專長。具體地說，我們應該要知道一些天文、地理、人情知識。此外，除了在一定程度上瞭解自然、歷史、文學、美學、心理學、倫理學、經濟學之外，像民間故事、歷史典故、有意思的笑話，都應該儲存於大腦中，逐漸建立一座知識的倉庫。擁有這個知識的百寶箱，我們才可以更全面更深入地認識自己和認識世界，才可以幫助自己獲得成功的人生。

惟乾問孟子言「執中無權猶執一」。

先生曰：「中只是天理，只是易，隨時變易，如何執得？須是因時制宜，難預先定一個規矩在。如後世儒者，要將道理一一說得無罅漏，立定個格式，此正是執一。」

弟子惟乾向王陽明請教孟子所說「執中無權猶執一」這句話的含義。

王陽明回答：「中庸就是天理，就是易，隨著時間而發生變化，怎麼可能『執』而不變？所以很難事先確定一個標準，必須因時制宜。後代的儒生們，想把各種道理闡述得完美無缺，就定出許多固定的模式，這就是所謂的偏執。」由此可見，追求面面俱到是一種偏執的表現。因為世界上沒有完美的人，也沒有人可以做到面面俱到，追求面面俱到，只會給自己增添失望和痛苦。

一位在美國史丹佛大學學習的企業家說：「我在史丹佛大學學習，最大的收穫就是懂得人生中不必每件事情追求完美，也不可能達到每件事情完美。人們的精力畢竟有限，要面對的事情太多了，顧此就要失彼，所以要懂得盡己所能，也要學會欣然並且瀟脫地放手。」

這位企業家之所以有這樣的感觸，源自老師對他們的一次測試：有一天，教授給學生們發下厚厚的幾本講義，要求學生們在一個星期以內看完，下個星期測試。當時，這位企業家的課餘時間都在忙著與客戶洽談合約，根本沒有時間看講義，更不要說把講義看完並且深入領會其思想。

可想而知，他的測試成績有多麼糟糕，但是教授沒有責怪他，而是說：「這些講義本來就很多，即使你竭盡全力也不可能全部看完，更何況你還忙著工作。我只是想透過這次測試告訴大家，不必追求面面俱到和事事完美，而是要學會欣然接受人生並非十全十美。」

「金無足赤，人無完人」，即使是全世界最出色的足球選手，十次傳球也有四次失誤；最棒的股票投資專家，也有出錯的時候。每個人都不是完人，都有可能存在各式各樣的過失，誰可以保證自己的一生不犯錯？如果你過於追求面面俱到，追求完美，對自己做錯或是沒有達到完美標準的事情深深地自責，一輩子都不會快樂。

從心理學上看，過分追求面面俱到的人經常伴隨巨大的焦慮和沮喪。事情剛開始，他們就擔心失敗，害怕做得不夠漂亮而不安，進而妨礙他們全力以赴地去取得成功。如果遭遇失敗，他們就會異常灰心，想盡快從失敗的境遇中逃離。他們大多沒有從失敗中獲取任何教訓，只是想盡辦法讓自己避免尷尬的場面。

很顯然，背負如此沉重的精神包袱，不用說在事業上謀求成功，在自尊心、家庭問題、人際關係等方面，也不可能取得滿意的效果。

佛陀說：「花未全開月未圓。」事物如果完美，就會轉變為殘缺。人生永遠都是有缺憾，佛學裡把這個世界叫做「婆娑世界」，翻譯過來就是可以容納許多缺陷的世界。本來這個世界就是有缺憾的，因此蘇東坡有詞曰：「月有陰晴圓缺，人有悲歡離合，此事古難全。」在一個有缺陷的世界裡追求面面俱到的完美，實在是一種極大的偏執。如果人們可以坦然接受世界的缺陷，坦然面對自己的失誤與錯誤，並且從中吸取經驗，才可以真正獲得王陽明所說的「良知」——心靈歡欣的智慧。

問：「知識不長進，如何？」

先生曰：「為學須有本原，須從本原上用力，漸漸『盈科而進』。仙家說嬰兒，亦善譬。嬰兒在母腹時，只是純氣，有何知識？出胎後，方始能啼，既而後能笑，又既而後能識認其父母兄弟，又既而後能立、能行、能持、能負，卒乃天下之事無不可能。皆是精氣日足，則筋力日強，聰明日開，不是出胎日便講求推尋得來，故須有個本原。」

弟子陸澄問：「知識沒有長進，應該怎麼辦？」

王陽明回答：「做學問首先要有一個根基，然後從根基上下功夫，循序漸進。道家學說用嬰兒做比喻，說得很精闢。嬰兒在母親的肚子裡還沒有成形的時候只是一團氣，什麼知識都沒有。等到他出生以後，才可以啼哭，而後可以笑，然後認識父母兄弟，既而可以站立行走和能拿能背，最後世界上的各種事情都會做。這是因為嬰兒的精氣日益充足，筋骨越來越有力氣，頭腦也越來越聰明。嬰兒並非出生就具備各種能力，所以要有根基。」

《論語・憲問》：「不怨天，不尤人，下學而上達，知我者其天乎？」朱熹注：「此但自言其反己自修，循序漸進耳。」也就是說，**如果一個人可以在生活中按照一定的步驟逐漸深入或提升，最終可以獲得聖人的學問。**

想要做到循序漸進，最好的辦法就是將大目標分化成許多小目標，這樣達到目標就會變得簡單而快樂。正如俄國作家托爾斯泰所說：「人們要有生活的目標：一輩子的目標，一個階段的目標，一年的目標，一個月的目標，一個星期的目標，一天的目標，一小時的目標，一分鐘的目標，還要為大目標犧牲小目標。」

在一九八四年的東京國際馬拉松中，名不見經傳的日本選手山田本一出人意料地奪得冠軍。當記者問他憑什麼取得如此驚人的成績時，他說：「憑智慧戰勝對手。」這個「智慧」是什麼，山田本一沒有解釋。

十年以後，人們從山田本一的自傳中找到「智慧」的答案：「每次比賽之前，我都要乘車把比賽的路線仔細地看一遍，並且把沿途比較醒目的標誌畫下來，例如：第一個標誌是銀行，第二個標誌是一棵大樹，第三個標誌是一座紅房子……這樣一直畫到賽程的終點。比賽開始以後，我就以百米賽跑的速度奮力地向第一個目標衝去，到達第一個目標以後，我又以同樣的速度向第二個目標衝去。四十多公里的賽程，就被我分解成這麼幾個小目標輕鬆地跑完。起初，我並不懂這樣的道理，我把自己的目標定在四十公里以外終點線的那面旗幟上，結果我跑到十公里的時候就疲憊不堪，因為我被前面那段遙遠的路程嚇倒了。」

這種簡單的方法被許多成功人士採用，美國著名作家賽瓦里德曾經說：「當我打算寫一本二十五萬字的書時，如果確定書的主題和框架，我就不再考慮整個寫作計畫有多麼繁重，我想的只是下一節和下一頁甚至下一段怎麼寫。在六個月之中，除了一段一段開始以外，我沒有想過其他方法，結果就水到渠成。」

因此，無論是讀書和做學問，還是經營生活和工作，都不要畏懼過於遙遠的目標，而是要運用化整為零的方法，忙碌於一個又一個眼前可以企及的小目標，循序漸進，終究可以實現自己的大目標。這正是王陽明所說的「循序漸進，才可以有所長進」的道理。

後世不知作聖之本是純乎天理，卻專去知識才能上求聖人，以為聖人無所不知，無所不能，我須是將聖人許多知識才能逐一理會始得。故不務去天理上著功夫，徒弊精竭力，從冊子上鑽研，名物上考索，形跡上比擬。知識愈廣而人欲愈滋，才力愈多而天理愈蔽。正如見人有萬鎰精金，不務煆煉成色，求無愧於彼之精純，而乃妄希分兩，務同彼之萬鎰，錫、鉛、銅、鐵雜然而投，分兩愈增而成色愈下，既其梢末，無復有金矣。

王陽明認為，大多數人難以成為聖人，主要是因為他們只注重在知識和才能上努力學習做聖人，認為聖人是無所不知和無所不能的，自己只需要把聖人的知識和才能全部學會就可以，哪裡知道做聖人的根本在於讓心合乎天理。他們不從天理上下功夫，而是費盡精力鑽研書本、考尋名物、推理形跡。這樣一來，知識越淵博的人，私欲越是滋長；才能越高，天理反而越被遮蔽。就像看見別人擁有萬鎰的純金，自己只妄想在分量上超過別人，把錫、鉛、銅、鐵等雜質都加進金子裡，卻不願意冶煉自己的成色。雖然增加分量，成色卻更低下，到最後有些就不是真金。由此得出一個結論：掌握知識不等於擁有智慧，沒有智慧就無法成為聖人，也難以擺脫內心的煩惱和痛苦。

哲學家和數學家坐船渡河。數學家問正在用力划槳的船夫：「你懂數學嗎？」船夫搖搖頭，數學家遺憾地說：「你失去三分之一的生命。」

過了一會兒，哲學家問：「你懂哲學嗎？」「不懂。」船夫還是搖搖頭。哲學家感慨地說：「你只剩下一半的生命。」

這個時候，一陣狂風吹來，打翻小船。哲學家、數學家、船夫都落到水裡，精通水性的船夫問哲學家和數學家：「你們會游泳嗎？」兩人大叫：「不，不會！」

船夫深深嘆息地說：「你們將失去全部的生命！」

哲學家和數學家都是人們所認為的具有很多知識的學者，但是在面臨生活中的突發狀況時，他們的知識無法幫助他們保全性命，或是說無法幫助他們解決迫在眉睫的問題。我們也許是一個知識豐富的哲學家，但是我們可能不是一個具有創造力的哲學家，不一定可以接受新事物，無法對新鮮和新奇的事物做出敏感和及時的反應。但是智慧不同，智慧的力量是無限的，真正的智慧可以幫助我們面對生活的各種難題。所以我們說，一個有知識的人不一定擁有智慧。

生活中，我們經常累積大量知識，但是要按照學到的知識去明智地行動，卻是很困難的。學校傳授人們有關行為、宇宙、科學和各種技術的知識和技能，但是這些教育機構很少幫助人們在日常生活中做一個優秀的人。一個在講台上高談闊論的專家，不一定懂得如何處理生活問題。經過一些學者的研究，有人認為人類只有透過累積大量知識和資訊才可以進化。但是事實卻完全相反，人類經歷無數次戰爭，累積大量如何殺人和破壞的知識，戰爭的武器越來越先進和高端，正是那些知識在不斷擴大各個地方的戰場，阻止我們結束所有的戰爭。同樣的，有關環保的知識也無法阻止我們殺害動物與掠奪資源和破壞地球。

這些事實不斷地提醒我們：掌握知識不等於擁有智慧。只要你可以將知識運用到實踐中，知識就可以轉變為智慧，解決我們生活中的問題，這也是王陽明所推崇的「致良知」之道。

孔子述《六經》，懼繁文之亂天下，惟簡之而不得，使天下務去其文以求其實，非以文教之也。《春秋》以後，繁文益盛，天下益亂……天下所以不治，只因文盛實衰，人出己見，新奇相高，以眩俗取譽，徒以亂天下之聰明，塗天下之耳目，使天下靡然，爭務修飾文詞以求知於世，而不復知有敦本尚實、反樸還淳之行，是皆著述者有以啟之。

王陽明認為，孔子之所以刪減《六經》，是要避免當時紛繁浮逸的文辭擾亂天下人心，使天下人從此拋棄華麗的文飾注重文章的實質，而不是用虛逸的文辭來教化天下。《春秋》以後，各種華而不實的文辭日益興盛，同時天下大亂。天下紛亂的原因，正是在於盛行浮華的文風，求實之風卻日漸衰敗。人們標新立異，各抒己見，為了取得功名不惜譁眾取寵，擾亂天下人的思緒，混淆天下人的視聽，使得天下人爭先崇尚虛文浮詞，在社會上爭名奪利，忘記敦厚實在和返璞歸真的品性。這些都是那些闡述經典的人所開啟的。

這是王陽明藉孔子之口表達自己的觀點，勸誡人們要拋棄虛浮的文辭而追求經典的實質，即不要執著於文字。因為不執著於文字，停止語言化的過程，才可以感知真理。

同一個字或詞，經常包含許多不同的含義，哪怕是再簡單的文字，在不同的場合下都可以做出不同的解釋。即使是同一段話，不同的人看到或聽到也會有不同的感悟。魯迅先生評論《紅樓夢》的時候這樣寫道：「經學家看到《易》，道學家看到淫，才子看到纏綿，革命家看到排滿，流言家看到宮闈秘事。」這也就是我們經常說的：「一千個讀者眼中，有一千個哈姆雷特。」所以，我們應該看到文字本身所存在的局限性，如果我們執著於文字，思想就會變得局限和僵化，很難認識到生活的真諦。

文字對交流來說是必要的，但是文字從來不是事物本身，事實也不是文字。當我們想要向別人表達一定的意思或某個事件的時候，我們不得不借助於某種文字或類似於圖畫和符號等文字形式。當我們使用文字的時候，文字代替事實成為首要的，我們關注的是文字而不是事實本身。文字和語言塑造我們的反應，它成為巨大的力量，我們的內心被文字塑造並且控制，於是我們的心靈變成文字的奴隸。

文字妨礙我們對事物或人們的真實察覺，妨礙我們對事物進行自由地觀察。因為文字帶著很多聯想和經驗的形象，這些聯想實際上就是記憶，它們不僅扭曲視覺上的觀察，也扭曲心理上的認識。

例如：「總經理」和「員工」這兩個詞語，它們描述的都是職務，但是「總經理」這個詞語帶有強烈的權力與地位和重要性的含義，「員工」這個詞語則會讓人產生不重要與地位卑微和沒有權力的聯想。「總經理」是正襟危坐在某個位置上的形象，「員工」則是不停在某個工作上加班的形象。因此，文字阻礙我們將二者都作為人來看待。形象就是文字，它們緊隨我們的快感和欲望，我們的生活方式都在被文字和與其相關的聯想塑造著。

但是文字畢竟是一種符號，用來指示已經發生或是正在發生的事情，用來表達或是喚起什麼。我們看到文字透過對我們的思維產生影響，使得我們的生活產生局限和界限。只有將頭腦從文字和語言的意義中解脫出來，拋棄虛浮的文辭而追求經典的實質，不帶聯想地觀察世界，我們才可以真正地認識自己，認識世界，才可以真正學習到心靈成長的智慧。

世之君子，惟務致其良知，則自能公是非，同好惡，視人猶己，視國猶家，而以天地萬物為一體，求天下無治，不可得矣。

王陽明認為，世界上的君子，只有專心於修養自身品德，才可以公正地辨別是非好惡，像對待自己那樣對待別人，將國事等同家事一樣關心，把天地萬物看作一個整體，進而求得天下的大治。

因此，「致良知」不僅是為學之道，更是育人之道，而且重在育人之德。「道德」或「良知」等精神品格蘊涵於經典之中，對人們的自身修養有很高的陶冶價值。

王陽明提倡的「尊德性」的道德教育，要求將知識融入人生的道德信仰之中，而不是讓知識吞噬人生的道德信仰。正如他所說：**「夫目可得見，耳可得聞，口可得言，心可得思者，皆下學也；目不可得見，耳不可得聞，口不可得言，心不可得思者，上達也。」**意思是說，眼睛看得見的、耳朵聽得到的、嘴巴說得出的、心裡想得到的，都是膚淺的學問；眼睛看不見的、耳朵聽不到的、嘴巴說不出的、心裡想不到的，才是深奧的學問，也正是「致良知」的真諦。

自古以來的儒家聖賢們十分看重人們的品德，認為品德比才能更重要，認為高尚的品德是獲得成功的必備條件。孔子在《論語‧述而》中說：「如有周公之才之美，使驕且吝，其餘不足觀也已。」孔子認為，即使有周公那樣的才能和那樣美好的資質，只要驕傲吝嗇，其餘的一切也不值得一提。如果一個人才高八斗而品德不好，聖人也不會看他一眼。只有德才兼備，以德育才，才是真正的人才。德與才不可兼得的時候，應該捨才而取德，正如孟子「捨生而取義者也」。

對此，胡適曾經做出解釋：「孔子的人生哲學注重養成高尚的道德，教育學生以培養自身的道德修養為基礎。」

在孔子看來，有高尚道德的人是有仁愛之心的人，也是可以博濟眾施之人，可以為別人著想的人。所以孔子說「驥不稱其力，稱其德也」，也就是說，對於千里馬，不稱讚牠的力氣，要稱讚牠的品格。尚德不尚力，重視品德超過重視才能，這是儒家的人才思想，也逐漸成為當今社會選拔人才的重要尺規。

在現實生活中，我們會遇到兩種品格不好的人。一種是品格不好能力也不強的人，這種人因其能力有限，對別人和社會造成的危害不會太大；另一種是品格敗壞但是才思敏捷而能力出眾的人，這種人更容易尋找捷徑上位，如果得勢，將會對社會造成巨大的危害，甚至可以斷送一個國家的前途。

不可否認，沒有靈魂的頭腦，沒有德行的知識，沒有仁善的聰明，固然是一種強大的力量，但是它們只能產生負面的破壞作用，也許偶爾會給人們一些啟發，或是帶來一些樂趣，卻很難贏得人們的尊敬與發自內心的讚嘆。

反之，品德高尚的人，即使能力有所不及，也會虛心好學，不斷提升自己，透過腳踏實地的努力奮鬥來獲得成功。

當然，不能因此而走向另一個極端：忽略人們的才能，一味強調道德修養。不懂得尊重知識和尊重人才的人，何談培養自己的道德品格？歷史的經驗告訴我們，無論做人還是做事，都要以德為先，就像王陽明告訴弟子的話：「良知在人心，隨你如何，也不能泯滅。」道德是我們行走人生的前提，才能是我們創造人生的手段。做到德才兼備，才可以獲得真正的成功和幸福。

第十二章：管理的學問——談用人

管理需要智慧，因為管理的對象是人，是各種複雜的關係，是對組織發展現實和未來的判斷。有藝術地妥善處理人與人的關係，恩威並施，敏銳地把握正確的發展方向，是每個管理者必須具備的智慧。王陽明身處官場多年，深諳管理的智慧，透過選拔良將、以德服人、任賢使能、賞罰分明，帶領團隊獲取一個又一個勝利。

若果「進不求名，退不避罪」，單留一片報國丹心，將苟利國家，生死以之，又何愁不能「計險阨遠近」，而「料敵制勝」乎？

王陽明十分注重人才的素質，在他看來，**一個好的人才，必須在功成名就的時候淡泊名利，在面臨危機的時候敢於承擔責任**，盡心盡力地為團隊效力，鞠躬盡瘁死而後已，抱持「進不求名，退不避罪」的淡泊心態，就可以正確地分析和判斷敵情，考察地形的險易並且計算道路的遠近，最終獲得勝利。這其實就是在告誡領導者要注重人才的素質，要善於發現素質良好的人才，並且給予重用。

俗話說：「得人之道，在於識人；而識人之前，重在觀人。」觀人重在言與行，識人重在德與能，不細觀則不能明識，不明識則不能善用。只有知人才可以善任，因為對一個人瞭解得越深刻，使用起來就會越得當，相處起來才可以減少摩擦。

然而，人們想要從一個人的言談舉止看出他內在的品德修養，是一件很困難的事情。自古識人之難，在於知人知面不知心。雖然困難，但還是要去體會，畢竟識人是與別人交往的基礎。只有在對一個人的性格品德有所瞭解的情況下，才可以決定與其相處的模式以及關係的遠近。所謂道不同不相為謀，或謀之有道而道相同者則引為知己，這些都需要從識人開始。

對於識人的方法，春秋時期的軍事家孫子曾經說：「將者，智、信、仁、勇、嚴也。」意思是說，要成為一個好的將領，必須具備才智、威信、愛卒、勇敢、嚴肅五種素質。又說：「將有五危：必死，可殺也；必生，可虜也；忿速，可悔也；廉潔，可辱也；愛民，可煩也。」意思是說，一個將領必須避免五個危機：只知硬拚，就有被殺的危險；貪生怕死，就有被擄的危險；易怒急躁，就有被輕侮的危險；清廉自好，就有被汙辱的危險；過於寬仁愛民，就有被煩擾的危險。

諸葛亮也說：「為將者必須有高尚的志守，見利不貪，見美不淫；有聰明才智，善知敵我之勢和進退之道；有優秀的道德品格，高節可以厲俗，孝悌可以揚名。要避免八種缺點，一曰貪而無厭，二曰妒賢嫉能，三曰信讒好佞，四曰料彼不自料，五曰猶豫不決，六曰荒於酒色，七曰奸詐自怯，八曰狡言無禮。」

王陽明在熟讀古人識別人才的智慧以後，對人才的素質有自己的理解：

人才必須具備的第一要素是良好的道德品格。王陽明認為，一個管理者必須竭力工作來回報主管的賞識，對下屬應該多加關愛和鼓勵，以激勵下屬更好地工作。如果做不到這兩點，而是只顧著為自己爭取更好的晉升機會和更多的利益，就無法管理一個團隊，取得良好的業績。正如王陽明所說：「（為將者）惟以定亂安民為事，不以多獲首級為功。」

人才還必須具備良好的心理素質。在王陽明看來，一個優秀的人才必須有良好的心理素質，做到臨危不驚，當機立斷，指揮若定。從心學的角度來說，就是必須不動心，否則就無法應付千變萬化的職場。正如王陽明所說：「用兵何術，但學問純篤，養得此心不動，乃術爾。凡人智能相去不甚遠，勝負之決不待卜諸臨陣，只在此心動與不動之間。昔與寧王逆戰於湖上，時南風轉急，而命某某為火攻之具。是時前軍正挫卻，某某對立矍視，三四申告，耳如弗聞。此輩皆有大名於時者，平時智術豈有不足，臨事忙失若此，智術將安所施？」意思是說，一個將領如果沒有良好的心理素質，就無法承受戰場瞬息萬變的形勢。他可以因敗而驚亂，因勝而狂喜。驚亂必然失措，狂喜亦致失措，在職場上也是如此。由此可見，一個人的良好心理素質，比他的學問和智謀更重要。

王陽明也看重人才的智慧韜略，他強調只有選取有謀勇膽略的官員統領士兵，才可以做好管理工作。也就是說，一個有強大智慧韜略的人，才可以與別人妥善配合，進而為團隊謀取更大的利益。王陽明還認為，這些智慧韜略必須經由實踐才可以培養，而不是坐在書房裡去玄思而得。正如王陽明所說：「必須身習其事，斯節制漸明，智慧漸周，方可信行天下，未有不履其事而能造其理者。」意思是說，做任何事情都必須親自去實踐，才可以找出其中的不足並且加以改善，思考得更周全，也就可以獲得智慧，如此才可以輕鬆應對一切事情，沒有人可以不實踐而獲得智慧。

此外，王陽明不僅強調人才的道德素質、心理素質、智慧素質，還強調人才的專業技能程度。畢竟，專業技能程度才是一個人成就事業的基礎素質。只有具備以上四個素質，才可以成為真正的人才。

君子之政，不必專於法，要在宜於人；君子之教，不必泥於古，要在入於善。

在王陽明看來，立政治民，重要的是要有道德高尚的人當政，引導人們向善，培養良好的道德品格，而不是在於制定嚴密的法律。這就是人們經常說的「為政以德」，即把道德作為政治的主要手段，它是古代儒家政治思想的傳統。

在王陽明看來，德治之所以重要，原因在於「法立弊生」（建立一種新法，就會帶來一些弊端），而且「人存政舉」（一個掌握政權的人活著的時候，他的政治主張就可以貫徹）。因此，如果一個管理者有良好的德行，就可以引導下屬去養成良好的德行。

王陽明在江西贛州剿匪推行十家牌法的時候，就使用「以德服人」的方法。在他看來，如果沒有得力的人，即有道德的人去推行，就只能編制張掛，雖然可以暫時推行，而終歸要廢弛不行。因此王陽明要求各縣務必於坊里鄉都之內，推選年高有德而眾所信服的人，重加禮貌優待，使其分頭巡訪勸諭，哪怕深山窮谷亦要深入下去。對巡訪勸諭成績顯著者，縣令要親自至其廬舍，重加獎勵，如此教化可興而風俗可美，否則即令動輒加以鞭撻，也是無濟於事。正如孟子所說：「善政不如善教之得民也。」

王陽明也十分擅長以德服人的馭人之術。正德初年，王陽明因為直諫觸犯權貴，被貶至貴州龍場。到任不久，他捕獲一個罪大惡極的強盜頭目。這個強盜頭目平時殺人搶劫無惡不作，在接受審訊的時候，還擺出一副無賴的架勢。強盜知道自己犯的是死罪，就說要殺要剮悉從尊便。

王陽明面對他無禮的態度並無怒氣，反而和氣地告訴他，既然這樣就不必審判，還勸強盜天氣太熱，可以脫去外衣！這個強盜想到脫掉外衣還可以鬆綁，就脫去外衣。王陽明又說，不如把內衣也脫掉吧！強盜想了一下，又把內衣脫掉。王陽明又勸他把內褲也脫掉吧，強盜著急了，他緊張起來，連聲說「不方便」。王陽明看他如此緊張，就說他還是有廉恥心和道德良知，並非一無是處。強盜聽到王陽明這樣說，就如實交代自己的罪行。

王陽明善於從德化良知的角度來解決問題。他認為，德化良知可以走入民心，更好地達到「其身正，不令而行」的目的。王陽明宣導「致良知」和「知行合一」，而且注重德化的作用，他廣泛布道，傳播心學。每到一地，他就興辦學校，教百姓讀書識字，宣傳國家大政方針，防止民眾違法犯罪。他希望透過這些措施上行下效，用文化和德政來教化當地百姓。

《論語．子路》中說：「其身正，不令而行；其身不正，雖令不從。」意思是說，管理者自身端正做出表率的時候，不必下命令，被管理者也會跟著行動；如果管理者自身不端正，而要求被管理者端正，縱然三令五申，被管理者也不會服從。

上樑正，下樑則不歪。管理者是下屬仿效的對象，只有自己以身作則，才可以更好地約束下屬。美國前副總統休伯特・韓福瑞說：「我們不應該一個人前進，而是要吸引別人跟我們一起前進，這個試驗每個人都必須做。」也就是說，一個優秀的管理者應該以身作則，用自己的修養和思想影響身邊的人，凡事發揮良好的帶頭作用，這樣才可以具有凝聚力，使下屬自覺團結在自己周圍，才是真正的「致良知」之道。

此天下治亂盛衰所繫，君子小人進退存亡之機，不可以不慎也

在王陽明看來，任賢使能是維持和平穩定的事業環境的關鍵，是親君子遠小人的重要條件，實在是不能不慎重考慮啊！

任賢使能是儒家的傳統政治思想，孔子說：「舉直錯諸枉，能使枉者直。」意思是說，把正直的人推舉出來，邪惡小人也會變得正直。孟子說：「尊賢使能，俊傑在位，則天下之士皆悅而願立於其朝矣。」意思是說，統治者尊賢使能，則天下賢士都願意到他的朝廷服務。

要做到任賢使能，不僅要求管理者可以識別人才的優劣，更要求管理者可以用人唯長，讓每個人才都發揮其應有的價值。人無完人，每個人皆有所長，亦有所短，因此管理者要盡量看到人才的長處，並且加以善用。

孔子說：「孟公綽為趙魏老則優，不可以為滕薛大夫。」意思是說，孟公綽這個人，要他做晉國趙氏和魏氏的家臣，是十分適合的人選，其才能、學問、道德，都適合擔任此職。如果滕和薛兩個國家請他做大夫，要他從政，則十分不當。這是孔子在用人之道上的一些體會與建議。

對於用人唯長，王陽明深有體會，他曾經舉出幾個例子：

春秋時期，著名的政治家管仲在輔佐公子糾的時候，不僅沒有幫助公子糾登上王位，在公子糾死後也沒有為其死節盡忠，反而投奔公子糾的仇人齊桓公，是一個不忠誠的人，但是他輔佐齊桓公成為春秋時期的第一霸主，自己也被譽為「春秋第一相」。

戰國著名的軍事家吳起，在魯國娶一位齊國宗室女子為妻，魯國人對即將擔任統帥的吳起表示懷疑，吳起為博得魯國信任，竟然不惜殺死自己的妻子來保住將位，實在是一個殘忍的人。但是我們不能否定他超強的軍事才能，因此他被後人視為「名將」。

西漢的開國功臣陳平輔佐漢王劉邦的時候接受將領們的金子，送金多的得到好去處，送金少的得到壞去處，是一個貪婪的人，但是他因為有傑出的政治才能，六出奇計幫助劉邦脫離險境，因此得到劉邦的重用。

因此王陽明得出結論：人們各有短長，問題在於如何使用。王陽明的建議是用人唯長，即**「用人之仁去其貪，用人之智去其詐，用人之勇去其怒」**。意思是說，任用人才良善的一面而拋棄其貪婪的一面，任用人才智慧的一面而拋棄其詭詐的一面，任用人才勇敢的一面而拋棄其衝動的一面。捨短用長，因材器使，不強人之所不能，才可以上無廢令，下無棄才。

孟嘗君去秦國，被秦昭襄王軟禁起來。孟嘗君打聽到秦王身邊有一個寵愛的妃子，就託人向她求救。

那個妃子叫人傳話：「叫我跟大王說句話並不困難，我只要你那件舉世無雙的銀狐皮袍。」

很不巧，孟嘗君那件皮袍在剛來秦國的時候就獻給秦王，現在在秦王的寶庫裡。孟嘗君手下有一個門客，擅長偷盜，當天夜裡，這個門客就摸黑進入王宮，找到寶庫，把銀狐皮袍偷出來。孟嘗君把皮袍送給秦王的寵妃，那個妃子得到皮袍，就向秦王勸說把孟嘗君放回去。秦王同意了，發下過關文書，讓孟嘗君他們離去。

孟嘗君得到文書，害怕秦王反悔，就帶領門客急忙地往函谷關跑去。到了關上，正好是在半夜裡。依照秦國的規矩，每天早晨雞鳴以後才可以打開城門。孟嘗君手下有一個門客很會學雞叫，讓人分辨不出真假。於是，這個門客捏著鼻子學起公雞叫，一聲跟著一聲，附近的公雞全部叫起來。

守關的人聽到雞叫，就把城門打開，驗過過關文書，讓孟嘗君出關。後來秦王果然後悔，派人趕到函谷關，可是孟嘗君已經走遠了。

可見，即使是雞鳴狗盜之輩，也有用途。孟嘗君如果沒有這些人的幫助，只怕要被囚禁終生。唐代陸贄曾經說：「若錄長補短，則天下無不用之人；責短捨長，則天下無不棄之士。」唐代韓愈在〈送張道士序〉中也說：「大匠無棄材，尋尺各有施。」用人也是如此。俗話說：「人無棄才。」只要是人，就有他的用途。

作為管理者，要知人善任。只有知人善任，才可以人盡其才。知人善任是管理的藝術，也是決定事情成敗的關鍵所在。

管理學大師杜拉克曾經說：「人們的長處，才是一種真正的機會。」高明的管理者都深明此意：要以人們的長處運用為機會，善於識察人們的長處，並且可以用得恰到好處，就可以贏得事業的成功。

今日所急，惟在培養君德，端其志向。於此有立，政不足間，人不足謫，是謂「一正君而國定」。

在王陽明看來，想要治理一個國家，君王必須養德，端正其治國的態度。一個君王以善養德，治理國家就不會有什麼過失，就不會遭受人民的責備，天下也就會安定。王陽明還認為，君子養德，必須要善於聽取下屬的意見，博取眾之所長來做決策，否則就可能因為剛愎自用而走向滅亡。

每個人都不是完人，並非所有的事情都會明白，也不是所有的事情都可以做到盡善盡美。身為一個管理者，更不能只用自己的眼睛去看、用自己的耳朵去聽、用自己的頭腦去思考，而是要多聽取別人的意見，善於採納下屬的建議，博採眾家之長，才可以避免做出有失偏頗的決策。古往今來，成功的管理者都非常重視聽取下屬的意見。

楚襄王還是太子的時候，曾經到齊國做人質，他回國的條件是獻地五百里給齊國。當他回國當上楚王以後，齊國派人前來索要土地。雖然自己曾經親口答應，但這樣明顯是乘人之危，楚襄王不想給，就問慎子應該怎麼辦。慎子說：「明天早朝，大王叫群臣獻計。」

第二天早朝的時候，幾位大臣都提出各自的主張。

子良說：「不能不給。大王金口玉言，答應的又是強大的齊國，要是不給，別人會說大王不守信用，以後大王就在諸侯中不好說話。不如先給他們，之後再奪回來。給他們是守信用，奪回來可以顯示我們的武力，所以我主張給。」

昭常說：「不能給。君主不能嫌土地廣大，而且五百里實際佔去楚國一半。這樣一來，君主雖然名為大王，如果失去五百里國土，實際上成為小地方官，昭常願意帶兵去東地堅守！」

景鯉則說：「不能給！雖然是不能給，但是只依靠我們的力量又不能守住。大王既然答應又不兌現，必定背上不義的名聲。我們既然理虧，又不能獨自守住，所以我建議向秦國求救。」

三個人說得都有道理，楚襄王不知道怎麼辦，就問慎子：「您說，我應該採用誰的計策？」慎子想了一下，然後說：「全部採用。」楚襄王不解，慎子說：「按照他們的主意去做，大王就可以收到像他們預見的效果。大王可以派子良率車五十乘，向齊國履行獻地手續。第二天，您可以派昭常大司馬，帶兵前往東地駐守。再過兩天，您再派景鯉求救於秦國。」

楚襄王聽後茅塞頓開，一切按照慎子所說的去做。

子良到齊國處理交付手續，齊國人就和子良一起到楚國東地接收，昭常立即帶兵抵抗，並且說：「我租用主上土地，將生死與共！」

齊國人問子良是怎麼回事，子良回答：「我是受楚王命令這樣做，但是昭常不把楚王與齊王放在眼裡，你們發兵進攻吧！」

齊王大怒，立即組織軍隊，大舉討伐昭常。齊王的軍隊還沒有走出國境，秦國五十萬大軍已經逼近齊國邊境，秦國軍隊指責齊王：「你們扣押楚國太子不讓他回國繼位，這是不仁；接著又要奪人五百里國土，這是不義。如果你們把刀兵收起來就沒有事情，如果你們動手，我們也等著了。」

齊王很害怕，就請子良回國，又派人去秦國談和。這樣一來，楚國不動刀槍，就使得東地五百里得以保全。

楚襄王聽取三個人的意見，之後又經過慎子的整合，使得楚國在此事的處理上收到最好的效果。在這個過程中，子良、昭常、景鯉的意見缺一不可，慎子的獨到眼光也極為重要，試想如果楚襄王忽略其中一個人的意見，楚國的五百里土地就可能無法保全。

管理者應該明白：一個人的能力總是有限的，對某個事物的瞭解也不可能是全面的，雖然不至於像盲人摸象一樣，但也只是看到事物的皮毛而已。因此，管理者需要聽取盡可能多的意見，不能只是選擇自己願意聽的或是自己想要聽的，無視那些與自己內心旋律不同的聲音。

下屬不僅希望得到管理者的關心，更希望得到管理者的尊重，可以傾聽和接納自己的意見和建議。

如果管理者可以善於聽取下屬各方面的意見和建議，下屬就會認為自己的主管是一個虛心納諫而平易近人的好主管，管理者在下屬心目中的形象就會隨之提升；反之，如果不給下屬發表意見的機會，他們就會覺得自己不被重視，久而久之，一方面，下屬的工作經常帶有依賴性，缺乏創造性，對事業的發展不利；另一方面，如果產生衝突，就會趨於集中，使管理者的形象在下屬的心目中受損，損害團隊的和諧。

軍旅之任，在號令嚴一，賞罰信果而已

在王陽明看來，要培養一支戰鬥力強的隊伍，不僅要制定嚴厲的紀律，還要做到賞罰分明，真正使眾人信服。這其實就是在說明管理中的賞與罰的藝術。

戰國時期的哲學家韓非子也說：「刑過不避大臣，賞善不遺匹夫。」意思是說，管理者要對下屬一視同仁，有功必賞，有過必罰，維護制度的嚴肅性，進而使自己的組織走上健康有序而有章可循的正確軌道。管理者只用慈愛和仁義無法換來下屬忠心，只有賞罰分明才會讓下屬積極認真地工作，因為人們都有趨利避害的特性。那些賞罰分明的管理者，可以樹立自己的威信，讓組織健康發展和不斷進步。

在現代企業管理中，管理者要做到賞罰及時，做出的承諾一定要兌現，才可以激勵員工的士氣，提高執行力。否則，無論應該賞還是應該罰都猶豫不決，最後的結果就是企業變成一盤散沙，失去戰鬥力。

不忍對別人有任何苛責，就顯得一個人沒有原則。特別是作為管理者，如果對應該獎勵的人沒有獎勵，對應該懲罰的人不能懲罰，就會變成一個偏頗者。

要真正做到賞罰分明，管理者在做出結論之前應該多觀察分析，瞭解實際情況，力求做到獎懲客觀而公正，千萬不要偏聽偏信，武斷地做出結論。否則，管理者的威信就會受到影響，不僅受罰的人滿腹委屈而心中不服，其他知道真相的人也會替他抱不平，最後只會導致下屬與管理者和團隊離心離德，做事得過

且過。總之，賞罰分明是管理者平衡員工關係和維護團隊和諧的關鍵。

索克斯是美國一家投資公司的員工。有一次，他接到一筆生意，將操控一千五百萬美元，為客戶賺錢。任何人都知道，理財投資有風險性和比較長的週期，所以索克斯非常謹慎地做起自己的投資計畫。

經過兩年的時間，索克斯為客戶賺取六百六十萬美元。公司對他感到非常滿意，並且拔擢他為投資部門經理。但是在表彰大會上，索克斯卻遭到嚴肅的批評，並且被罰款五萬美元（本來這是公司準備獎賞給他的），原因在於，索克斯在為客戶服務期間，曾經因為脾氣不好而與客戶發生激烈爭論，幾次令客戶險些撤資。如果對方撤資，將使公司遭受數十萬美元的損失，這不是索克斯可以承擔的。

有時候，對有功勞的人不吝惜賞賜，是管理者大度的表現；對犯下原則性錯誤的人，饒恕就等於縱容，會破壞團隊的規矩，以至於每個人都變得隨便，不服從命令。如果一個國家變得如此隨便，必將是行善者減少，為惡者眾多，因為後者知道自己將免於懲罰。如果一個團隊不能賞罰分明，每個人將不忠於自己的勞動，對自己的所得也會有許多抱怨。

只有論功行賞和論罪處罰，才是管理者留下人才和剷除蠹蟲的不二法寶，其中最重要的學問就在於公正、講情義、講道理。對於人才的任用，不論遠近親疏，只論功過是非，對就是對，錯就是錯，對了要獎勵，有錯就要罰，兩者清晰明確，才可以減少團隊內人與人之間的意見爭執，增加團隊整體的凝聚力，有效降低因為不合而造成的損失，提高做事效率。

第十三章：游於藝的功夫——談藝術

游於藝，包含一種悠然自得的從容心態，可以縱情於山水，在人間詩意地棲息；可以揮筆潑墨，在書法之中品悟心靈的智慧；可以飽讀兵書，從詭譎的戰場中悟透人生成敗的智慧；可以平心靜氣地製作音樂，享受美妙旋律帶來的心靈觸動。總之，如果可以享受藝術帶來的美和快樂，就是獲得王陽明推崇的游於藝的功夫。

九川臥病虔州。先生云：「病物亦難格，覺得如何？」對曰：「功夫甚難。」先生曰：「常快活，便是功夫。」

在虔州的時候，弟子陳九川病倒了，他害怕因病耽誤學習，內心十分苦惱。王陽明勸導他：「關於病這個東西很難格正，你感覺如何？」陳九川說：「功夫確實很難。」王陽明進一步勸導他：「經常保持快樂和樂觀的心情，即為致良知的功夫。」

在王陽明看來，一個人如果可以正視自己的疾病，保持平和的心態，不憂慮不急躁，就不至於因為思考過多而加重病情，還可能在一定程度上幫助自己恢復健康，這也可以算作一種致良知的功夫。其實，這就是現在的人們經常說的心態健康。

現代醫學證明，對於相同的一件事情，如果人們的心情不同，對自己的身體健康就會產生截然不同的影響。

從前，有一個老太太，有兩個女兒：大女兒嫁給裁縫，小女兒的丈夫開傘鋪，生活得都不錯。但是自從兩個女兒出嫁以後，老太太就病倒了。兩個女兒輪流回家服侍老太太，到處求醫，卻收效甚微。兩個女兒心如刀割般痛苦，只能每天去廟裡求菩薩保佑。

一位禪師看到兩個女兒如此虔誠向佛，主動上前詢問。瞭解情況以後，禪師隨同兩個女兒前去家中探望老太太。進了家門，禪師和老太太閒話家常。逐漸的，老太太就可以坐起身來，最後老太太下床親自做一頓齋菜，以感謝菩薩和禪師的救命之恩。從此以後，老太太每天有說有笑，身體日漸強壯。

面對老太太的變化，兩個女兒十分欣喜，也十分不解。後來，她們又遇到那位禪師，才知道並非禪師用什麼高明的法術治好老太太的病，而是禪師解開老太太的心結，調整她的心態。老太太之所以生病，是因為每逢下雨，她就煩惱大女兒賣不出衣裳；每逢天晴，她又煩惱小女兒賣不出雨傘。禪師只是讓老太太換一種心態：每逢下雨，她就為小女兒多賣雨傘高興；每逢天晴，她就為大女兒多賣衣裳高興。心情好，病自然就好得快。

治好老太太的病，依靠的不是藥，也不是禪師的法力，而是心態的轉變。這個故事告訴人們：即使遇到困難的事情，只要心態積極，看到事情的光明面，充滿樂觀的意念，大腦就會分泌出對身體有益的激素。相反的，如果心情憂鬱悲觀，整天唉聲嘆氣，處於苦悶怨懟的狀態，大腦受到這種惡性刺激，就會分泌出對身體有害的物質，損害人們的健康。

王陽明深知心態對健康的影響，因此才可以對陳九川說出「常快活，便是功夫」的勸導之言。正是憑藉超強的心態調整能力，王陽明才得以在艱苦的龍場存活下來。正如他在《瘞旅文》中所記載的那個故事一樣：

正德四年（西元一五〇九年）秋天某月初三日，有一個從京師來的小官，帶著一個兒子和一個僕人，從龍場路過去赴任，陰雨天黑，投宿於一個苗民家。沒想到，第二天中午有人從那條路過來，說這個小官已經死在路上。下午他的兒子又死了，第三天連僕人也死在山坡下。

聽到此訊，王陽明悲傷之餘，命令兩名童子去把三具屍體埋了，並且感慨地說：「我早就知道你一定會死，因為前兩天我隔著籬笆看見你愁容滿面，一副憂心忡忡的模樣。如果你實在貪戀五斗米的俸祿，就應該高興地去上任，為什麼要這麼不開心？」

「在遙遠的路途中，餐風露宿，攀越崖壁，行走於高山野嶺之頂，經常是饑渴勞累，筋骨疲憊不堪，又有瘴厲之氣隨時侵擾身體，如果這個時候又有憂鬱哀愁積於內心，內外夾攻，豈有不死之理？」

「我離開故鄉來到這裡，已經有兩年了，同樣也經歷瘴毒之氣的侵害，卻可以安然無恙，就是因為我始終保持豁達愉悅之心，沒有一天是像你這樣悲切而憂鬱哀愁。」

正是因為王陽明在任何時候，都可以保持愉悅的心情，因此在被貶謫到龍場那種環境惡劣的地方時，跟隨他來的僕人都病倒了，唯獨他一個人無事，證明擁有好心情的重要性。

由此可見，如果**人們在任何情況下都保持樂觀開朗的心態，就可以促使身心處於平衡，進而保持健康的體魄和年輕的精神。**正如現代醫學證實的那樣，當一個人用心想像出快樂狀態的時候，大腦就會不斷分泌出大量對身體有益的物質，使人們處於最佳狀態。

只要我們放鬆身心，努力保持舒暢的心情和快樂的體驗，就會促使大腦處於最佳狀態，使身心保持健康。

會稽素號山水之區，深林長谷，信步皆是；寒暑晦明，無時不宜；安居飽食，塵囂無擾；良朋四集，道義日新。優哉游哉，天地之間寧復有樂於是者！

王陽明晚年在會稽（南宋以後，會稽名紹興）講學的時候，曾經對弟子們說：「會稽處於有山有水的地方，茂密的樹林、悠長的山谷，比比皆是；春夏秋冬，氣候適宜；安靜而遠離塵俗，好友們從四方雲集於此，對於道義每天都有新的見解。真是逍遙自在，天地間哪裡還會有這樣的快樂！」在王陽明看來，在一個青山碧水而風景如畫的環境裡，與朋友進行學術和思想上的交流，是多麼詩意而快樂的生活。

一個夏天的下午，桑尼夫人與她的朋友到森林遊玩，到達之後，就在優美的墨享客湖山上房子中休息，這裡位於海拔二千五百公尺的山上，是美國最美的自然公園。

在公園的中央，還有一座翠湖舒展於森林之中。墨享客湖就是「天空中的翠湖」之意，她朋友的眼光穿過森林和雄壯的崖岬，輕移到丘陵之間的山石。剎那間，千古不移的峽谷照亮她的心靈，這些美麗的森林與溝溪就成為滾滾紅塵的避難所。

那天下午，夏日混合驟雨與陽光，乍晴乍雨，她和她的朋友全身濕淋淋，衣服貼著身體，心裡開始有些不愉快，但是她和她的朋友仍然彼此交談著。慢慢的，整個心靈被雨水洗淨，冰涼的雨水輕吻著臉頰，引起從未有過的新鮮快感，亮麗的陽光也逐漸將衣服曬乾，話語飛舞於樹與樹之間，談著談著，靜默來到她和她的朋友之間。

她們用心傾聽四方的寧靜。當然，森林絕對不是安靜的，但是它的運作聲卻是如此和諧平靜，永遠聽不到刺耳的喧囂，大自然用慈母般的雙手熨平她們的心靈，一切都歸於和平。當她們陶醉於大自然樂章之中的時候，一陣急促的樂曲突然刺激耳膜，那是令人神經緊繃的爵士樂曲。伴隨著音樂，有三個年輕人從樹叢中鑽出，原來是其中一位年輕男孩提著一架收音機。

這些在都市中長大的年輕人，不經意地用噪音汙染森林，原本想勸三個年輕人關掉音樂，安靜聆聽大自然的樂曲，但是想到自己沒有規勸他們的權利，最後還是任由他們。大自然的音樂多麼美啊！風兒輕唱著，小鳥甜美地鳴啼。這種從盤古開天以來最古老的音樂，絕非人類用吉他與狂吼可以製造出來的旋律，他們竟然白白浪費大好的自然資源，確實令人惋惜。

人們的心不安靜，就不懂欣賞大自然的美。一顆喪失美的心靈，哪裡還有詩意可言？法國詩人波特萊爾曾經說：「只要人們願意深入自己的內心，詢問自己的靈魂，再現那些激起熱情的回憶，就會知道，詩除了自身之外沒有其他目的，它不可能有其他目的，唯有那種單純是為了寫詩的快樂而寫出來的詩，才會這樣偉大，這樣高貴，這樣真正的無愧於詩這個名稱。」

王陽明正是因為懂得這一點，才可以坦然面對人生的得意與失意。在王陽明第一次科舉考試失利以後，他曾經利用詩歌來撫慰內心的失落和痛苦。他在家鄉餘姚組建一個龍泉山詩社，詩社成員人數不多，沒有名噪一時的文人，大家聚在一起，無非就是下棋飲酒和遊山玩水。

在創辦詩社的這段時期，王陽明以詩言志，抒發苦悶，佳句迭出，例如：「我愛龍泉寺，寺僧頗疏野。盡日坐井欄，有時臥松下。」在龍泉山清秀的環境中，王陽明度過他人生中最愜意悠閒的一段時光。在龍泉山詩社兩年的生活，王陽明拋開紛繁複雜的世俗，為自己創造思考和反省的機會，為日後的官場生涯積蓄力量。

吾始學書，對模古帖，止得字形。後舉筆不輕落紙，凝思靜慮，擬形於心，久之始通其法。

既後讀明道先生書曰：「吾作字甚敬，非是要字好，只此是學。」既非要字好，又何學也？乃知古人隨時隨事只在心上學，此心精明，字好亦在其中矣。

王陽明教導自己的弟子們：「我開始學書法的時候，只是對著古帖臨摹練習，這樣練來練去，只學得字形相像，內在的神意卻毫無所得。後來我改變學習方法，舉筆不再輕易落紙，而是凝神靜慮，先在心中想像要寫之字的形態氣勢，這樣練習很久之後，才開始通達書法之道。後來讀到明道先生（即程顥）寫道：『我寫字的時候很恭敬，並不是要字寫得好，只是這個恭敬的態度就是學習。』既不是要字好，又為什麼要去學？透過自己學習書法的例子，於是我知道古人不論什麼事情，隨時都在心上學習，等到心精明透徹，字也會寫得好。」

人們經常評價書法是「窮變態於毫端，合情調於紙上」，現代著名美學家宗白華在〈中國書法裡的美學思想〉一文中，對書法的表現特徵做出精要的概括：「所以中國人的這支筆，開始於一畫，界破虛空，留下筆跡，既流出人心之美，也流出萬象之美。」書法是心靈的律動，以及感情的流淌和釋放。書法可以使人靜，更可以讓人思考，確實是修身養性、培養情操、延年益壽的良藥。書法可以帶給人們無盡的美感，根源在於它是一門修身養性的學問，也就是王陽明所說的「致良知」之學。

因此，我們就不難理解「此心精明，字好亦在其中矣」背後的深意：無論學習什麼事情，都要讓心真正地靜下來，讓所要學習的事物在心中形成一個明確生動的心理圖像，越生動逼真越好，這樣就可以達到令人滿意的效果。

許多時候，經驗告訴我們：做一件事情或是學習一樣東西，反覆地練習，重複的次數夠多，就可以獲得成功。然而，使我們最後獲得成功的，只是重複的次數夠多這麼簡單嗎？當然不是，如果你沒有用心去練習，重複得再多也不會幫助你獲得成功。正如著名心理學家馬爾茲所說的那樣：**「學習某種技巧，並不是做的次數越多就越容易獲得成功，關鍵在於你的大腦神經能否記住那種成功的經驗。」**

在紀錄片《C羅挑戰極限》中，曾經有一個黑暗中踢球的測試——先由一位足球員示範動作：接過別人傳來的足球，在接到球的時候燈被關閉，球員依靠自己的直覺將球踢進球門。無論是接到球的時候關燈，還是接到球以前的某個時刻關燈，著名足球員C羅都可以順利將球踢進球門。

研究人員對此認為：這是因為C羅在觀看示範球員動作的時候，在心裡對動作進行大量的模擬和練習，對球速和距離有比較準確的計算，才可以在實戰中找到準確位置將球踢進球門。如果C羅只是單純地模仿別人動作，就不會有這樣的結果。

善於在心裡反覆進行練習踢球入門的過程，想像可能出現的各種複雜情況，在大腦裡有條不紊地及時判斷處理各種細節，或許就是C羅成為超級足球運動員的根本原因。

就像畫家在作畫的時候，心凝氣靜，萬慮皆空，筆隨意動，在常人看來只是寥寥數筆，一幅栩栩如生的翠竹圖就出現在眼前。在旁人看來很困難的事情，在畫家看來卻極為簡單，只因為他把早已進入他心胸的竹子用筆勾畫出來而已，這就是所謂的「胸有成竹」。如果人們做任何事情都可以先在心中反覆練習，做到「胸有成竹」，就可以達到王陽明所推崇的致良知的境界。

蓋用兵之法，伐謀為先，處夷之道，攻心為上

王陽明認為，用兵作戰，先要以謀略制服敵人；要徹底地戰勝敵人，就要讓對方從心裡臣服於自己。王陽明的這個思想，與諸葛亮在《南征教》所說的「攻心為上，攻城為下，心戰為上，兵戰為下」相類似。

征戰最主要的目的，不是要消滅敵人的肉體，而是要使敵人心服口服。「攻心為上」，是歷代兵家克敵的有力武器。《孫子兵法》中有言：「上兵伐謀，其次伐交，其次伐兵，其下攻城」，雖然沒有「攻心」之說，卻包含攻心策略。

王陽明當然知道攻心在戰爭中的重要地位。每次作戰之前，王陽明都會透過發布榜諭，對百姓犯錯的原因進行分析，並且闡述寬大政策以及自己不立即進兵的原因，殷切期望誤入歧途者翻然悔悟。

在《王陽明全集》輯錄的一百五十篇文章中，屬於榜諭性質的就有二十一篇。很多起義的百姓看到他的榜諭，都自動繳械投降，這就是戰爭的最高境界。

真正的強者，震懾的是人心，而不是肉體。王陽明攻心為上，不費一兵一卒，就使對手屈服，實在為人稱許。「攻心為上」的核心在於「心」，一個人如果注重內心的修行，鍛鍊自己的氣勢，也可以不戰而勝。

古代，有一位專門訓練鬥雞的名手叫做紀渻子。有一天，君王讓他代為訓練一隻鬥雞，十天過後，君王詢問訓練情況：「進展如何？是否近日可用？」紀渻子回答：「時機尚未成熟，牠殺氣騰騰，一上場就橫衝直撞。」

又過了十天，君王再度詢問，紀渻子還是回答：「不行！牠只要一聽到鬥雞的叫聲，就立刻鬥志昂揚，無法控制自如。」

又過了十天，君王又來詢問此事：「怎麼樣？現在應該可以吧！」紀渻子仍然搖頭，然後說：「還不行，牠只要看見鬥雞的身影，就立刻來勢洶洶，火爆蠻鬥。」

十天很快又過去。君王走到紀渻子面前的時候，終於得到紀渻子滿意的答覆：「大功告成！如今牠置身競技場，不論其他的鬥雞如何挑其怒氣，煽其鬥志，牠都如木雞一樣，無動於衷。這就是內心充滿『德行』的證據。現在，無論什麼樣的鬥雞遇見牠，無不落荒而逃。」

紀渻子不愧為一個訓練鬥雞的高手，他將鬥雞培養成大智若愚的木雞，鍛鍊鬥雞的內心氣勢，讓其他的鬥雞充滿恐懼，不戰自敗。

人亦如此，不要稍微有一些能力就到處賣弄而不可一世，輕率隨便只會展現自己的無知，自我魅力的修養要靠長時間的鍛鍊才可以形成。

一個真正的強者不會將威嚴流於表面，他震懾的是人們的心理，給人一種深不可測的距離感，使人無法真正瞭解他的內心世界，認為聽從他也許是最好的選擇，讓人不得不屈服和跟隨。正是這種捉摸不透而神秘的感覺，彰顯強者的人格魅力，讓人們心甘情願地敬畏和崇拜。

內心沉穩，才是真正的內心氣勢。面對激烈的競爭，不要急於與對手搏鬥，而是要注重氣勢的培養。急於求成不僅不利於競爭，反而會讓我們一敗塗地。

韜光養晦，引而不發，培養自己內心深沉而淡泊名利的品格，當我們的修行到達一定境界的時候，內心的威懾力就會自然地流露出來，不需要激烈的競爭，我們的對手就會甘拜下風，失去反抗的心理。我們掌握王陽明所說的「攻心」之術，就可以減少人際糾紛的煩惱，也可以專心探求自己的良知。

曰：「心如何求？」

先生曰：「古人為治，先養得人心和平，然後作樂。比如在此歌詩，你的心氣和平，聽者自然悅懌興起，只此便是元聲之始。《書》云『詩言志』，志便是樂的本；『歌永言』，歌便是作樂的本；『聲依永，律和聲』，律只要和聲，和聲便是制律的本。何嘗求之於外？」

有一天，弟子錢德洪問王陽明：「在心上如何尋找和諧的音律？」王陽明回答：「古人大治天下，首先需要培養人們心平氣和，然後才進行禮樂教化。就像你領誦詩歌的時候，心裡很平和，聽的人才會自然愉快，激發興趣，這裡只是元聲的開始。《尚書》說『詩言志』，『志』就是音樂的根本；『歌永言』，『歌』就是作樂的根本；『聲依永，律和聲』，律只要求聲音和諧，聲音和諧就是製作音律的根本，又何苦要到心外去尋求？」

在王陽明看來，舜作《韶》樂九章，周武王作《武》九變，都是在具備中正平和的心境基礎上製作，因此具有比較強的民風教化的作用，對人們的身心健康十分有益。後世製作音樂，卻多是作一些俗詞濫調，與民風教化一點關係都沒有，甚至還可能損害人們的身心健康。因此，王陽明苦口婆心地勸誡人們：

現在想要使民風返璞歸真，就要將音樂中的淫詞濫調都刪去，只保留忠臣孝子的故事，使百姓都可以明白道理，在潛移默化中激發他們的良知，長此以往，真正的音樂就可以恢復。也就是說，如果人們可以保持心體的中正平和，就可以製作美妙的音樂，也可以品味音樂的美妙。

今時今日，音樂充斥任何一個角落，不管你在哪裡，不管你喜歡與否或接受與否，音樂已經每日每夜地浸潤我們的毛孔，但是這些音樂大部分是噪音。

余光中在〈饒了我的耳朵吧，音樂〉一文中，列舉許多被音樂逼於無奈的事實，從聲樂家席慕德到作家夏志清和哲學家柏拉圖，從計程車和火車到咖啡廳和餐館，從台灣到日本和歐美國家，使用大量的人物和現象來反映音樂帶來的後果：「其一是噪音、半噪音、準噪音會把我們的耳朵磨鈍，害我們既聽不見寂靜，也聽不見真正的音樂；其二就更嚴重了，寂靜使我們思考，真正的音樂使我們對時間的感覺加倍敏銳，但是整天在輕率而散漫的音波裡浮沉，呼吸與脈搏受制於繁蕪的節奏，人們就不能好好地思想。」

余光中並不是討厭音樂，正如他自己解釋的那樣：「我主張要麼不聽音樂，要聽，必須有一點誠意和敬意。要是在不當的場合濫用音樂，不僅對音樂是不敬，對不想聽的人也是一種無禮。我覺得，如果是好音樂，無論是器樂還是聲樂，都值得放下其他事情來聚精會神地聆聽。音樂有它本身的價值，對我們的心境、性情、品格可以產生正面的作用。但是今日社會的風氣，卻把音樂當作排遣無聊的玩物，其作用不會超過口香糖，不然就是把它當作烘托氣氛點綴熱鬧的裝飾，其作用只像是霓虹燈。」

總之，心中有音樂，聽到的皆是音樂，否則入耳的就只是噪音。對音樂如此，對生活也是如此，我們不能因為自己的喜好而拒絕某些事物，更不應該強加在別人的身上。用欣賞的眼光去看待世界，世界各處就會散播美妙和諧的音樂！

第十四章：不以生喜，不以死悲——談死亡

生死是人生一大問題。季路有生死之問，孔子有「未知生焉知死」之答；莊子有齊生死之說，老子有長生久視之求；佛家有生死輪迴之論……各家之說見仁見智，莫衷一是。在王陽明看來，人生中，一切聲利嗜好都可以看破，但是生死卻不容易看破，如果人們可以看破生死，不以生喜，不以死悲，就沒有生死的憂患。

蕭惠問死生之道。

先生曰：「知晝夜即知死生。」

問晝夜之道。

曰：「知晝則知夜。」

曰：「晝亦有所不知乎？」

先生曰：「汝能知晝？懵懵而興，蠢蠢而食，行不著，習不察，終日昏昏，只是夢晝。惟『息有養，瞬有存』，此心惺惺明明，天理無一息間斷，才是能知晝。這便是天德，便是通乎晝夜之道而知，更有甚麼死生？」

蕭惠向王陽明請教生死的道理。

王陽明回答：「知道晝夜，就知道生死。」

蕭惠又請教晝夜的道理。

王陽明回答：「懂得白天，就懂得黑夜。」

蕭惠又問：「還有人會不懂得白天嗎？」

王陽明回答：「你可以知道白晝嗎？迷迷糊糊地起床，傻傻地吃飯，不明白為什麼開始，習慣以後也不知道為什麼會這樣，整天都昏昏沉沉，只是像在做白日夢。只有隨時不忘存養的功夫，使內心變得清醒明白，天理也沒有片刻的中斷，才可以算是知道白天。這就是天理，通曉白天夜晚的道理，還會有什麼生死之事不明白？」

在王陽明看來，生死就像晝夜交替一樣平常。其實，早在兩千五百多年以前，孔子曾經望著奔流的江水喟然長嘆：「逝者如斯夫，不捨晝夜。」一語道破時間的無限流逝和生命的不斷消亡。生命在一呼一吸之間延續，也在一呼一吸之間消逝。每天早上我們醒來，發現自己還活著，那是多麼美好的事情。

死亡是必然的，正如這個地球存在生命一樣自然。當我們談論生命的時候，我們往往將生命當作一個延續的過程來看待，一個人的壽命就是從出生到死亡這段延續的時間。兒時的玩樂、在學校接受教育、成家立業、工作賺錢、和朋友交往，這些就是生命的過程。我們把時間分成一天、一個月、一年，然後累積起來就構成生命的長短，直到死亡終止這一切。具有延續性的事物永遠不可能自我更新，永遠無法瞭解未知。活著的時候，生命是一個從來不間斷的延續的過程，過去的每一天都變成已知。但是死亡是一個未知的事物，我們不可能透過已知的事物去瞭解未知的東西，因此活著的人永遠無法得知死亡。因為經歷死亡的人已經不復存在，沒有人可以告訴我們死亡的感受。

就像人類的生命只有一次，每個人一生只能經歷一次死亡。生命經過出生、成熟、生病、消耗、衰老，在每個瞬間都可能死去，因此死亡是每個當下的活動，不可能是一個延續的過程。想要瞭解死亡的真相，我們就必須停止那種延續的運動。想要超越死亡的恐懼，為了新的誕生，必然要有終結。每天的終結，無論是好日子還是壞日子，都可以稱作死亡。如果每天都讓昨天的記憶與快樂和悲哀死去，這樣的頭腦才是新鮮的、天真的、沒有年齡的。認為昨日種種譬如昨日死的人，就是超越死亡。

既然我們無法獲得死亡以後的體驗，我們就應該在活著的時候體驗死去的感覺，我們可以嘗試終結所有的記憶，包括已經累積和儲存的記憶，以及我們在其中尋找安全和幸福的記憶，拋棄我們透過政治、經濟、社會、宗教而建構的形象，每次的結束和拋棄都表示我們對死亡的接觸和覺知。

我們更應該注意到：**每天都有起始與終結，當今天走到盡頭，它就什麼也不是。我們必須現在就瞭解死亡，而不是明天。**也就是說，每天都死去，以便來日有重生的可能。只有如此，一個人在活著的時候，才可能瞭解死亡。只有在這種死去裡，在對延續的終結裡，才會有重生，才會在自由中產生一種既有死亡又有生命的存在，才會有永恆的創造。

問《志士仁人》章。

先生曰：「只為世上人都把生身命子看得太重，不問當死不當死，定要宛轉委曲保全，以此把天理卻丟去了，忍心害理，同者不為。若違了天理，便與禽獸無異，便偷生在世上百千年，也不過做了千百年的禽獸。學者要於此等處看得明白；比干、龍逢，只為也看得分明，所以能成就得他的仁。」

有人向王陽明請教《論語》裡〈志士仁人〉那一章。

王陽明回答：「就是因為世人都把自己的生命看得太重，不問當時是不是應該獻出生命，只是委曲求全，因此把天理都丟棄。忍心傷害天理，還有什麼做不出來？如果違背天理，他就如同禽獸，苟且偷生在世界上千百年，也只是做千百年的禽獸。學者們在這個地方要看得明白。比干和龍逢都只是因為他們看得分明，才可以成就他們的仁。」

生死是人生最根本的問題，所以哲學家經常會思索死亡的問題。所謂「千古艱難唯一死」，如果可以看透這一點，人生還會有什麼困難？其實，對死亡的恐懼，來自對死亡的無知和對生存的執著。既然死後的世界是不可知的，就表示任何人都不能確定活著和死亡哪個更快樂更自在，為什麼人們不能對死亡進行樂觀的猜測？

人們總是習慣把死亡想像成失去和黑暗與痛苦，所以在人們的心裡，死亡成為絕望的代名詞，因此生出各種恐懼，又讓這些恐懼佔據內心，影響活著的心情。

關於生死苦樂的問題，莊子有一則有趣的故事：

莊子到楚國，途中看到一個骷髏，枯骨凸露。莊子從側旁敲一下，然後說：「先生是貪求生命而失卻真理，因此成為這樣？或是遇上亡國的大事，遭受刀斧的砍殺，因此成為這樣？或是有不好的行為，擔心給父母和妻子兒女留下恥辱羞愧而死，因此成為這樣？或是遭受寒冷與饑餓的災禍，因此成為這樣？或是享盡天年而死，因此成為這樣？」莊子說罷，拿起骷髏，把它當作枕頭而睡。

到了半夜，骷髏在莊子的夢中說：「你剛才說的那些話，都是屬於活人的問題，人們死了就沒有上述的憂患。人們如果死了，在上沒有國君的統治，在下沒有官吏的管轄，也沒有四季的操勞，從容安逸地把天地的長久看作是時令的流逝，即使南面為王的快樂，也不可能超過。」

莊子不相信，並且說：「我讓主管生命的神來恢復你的形體，讓你重新長出骨肉肌膚，返回到你的父母、妻子兒女、左右鄰里、朋友故交中，你希望這樣做嗎？」

骷髏皺著眉頭說：「我怎麼可能拋棄南面稱王的快樂，再次經歷世間的勞苦？」

人們如此懼怕死亡，但是沒有人知道，人們在死後是否也會畏懼生存，想盡辦法地避免「出生」在這個「活著」的世界。人們之所以恐懼，是源於對那些神秘事物的懼怕，越是不瞭解死亡，恐懼感就會越強。

古希臘哲人伊比鳩魯認為：「一切善惡凶吉都在人們的感覺中，死亡只是感覺的喪失。所以，死亡事實上與我們的感覺無關，因此無須恐懼死亡。因為，人們活著的時候，死亡還沒有真正到來，如果死亡降臨的時候，我們又無法感覺到死亡。」所以，**死亡不可怕，可怕的是我們對生存的執著**。王陽明勸誡人們，不要把生命看得太重，以免迷失自己，也是這個道理。

問「夭壽不二」。

先生曰：「學問功夫，於一切聲利嗜好，俱能脫落殆盡，尚有一種生死念頭毫髮掛帶，便於全體有未融釋處。人於生死念頭，本從生身命根上帶來，故不易去。若於此處見得破、透得過，此心全體方是流行無礙，方是盡性至命之學。」

有人向王陽明請教「夭壽不二」的意思。

王陽明回答：「做學問的功夫，可以將一切聲色、利益、嗜好擺脫乾淨。只要還有一絲一毫在意生死的念頭牽累著，就會有和本體無法結合在一起的地方。人們有在意生死的念頭，是生命本身帶來的，所以不容易去除。如果在這裡都可以看破和想透，心的全部本體才可以自由沒有阻礙，這才是盡性至命的學問。」

我們經常以為，每個人都重視生命而忽略死亡。事實正好相反，我們經常都是忽略生命而重視死亡。

我們總是在一些無關緊要的事情上消耗寶貴的生命，但是在死亡自然來臨以前，卻過於重視死亡的發生，以至於讓自己最後的生命始終籠罩在恐懼中。從時間上說，我們的生命有限，死亡是無限的。從生命的意義上說，生命是綿長的，死亡是短暫的。

人們都是輕死貴生，許多老人害怕提到「死」字，因為他們害怕面對死亡，認為自己死後就什麼也沒有。

其實，對死亡的懼怕每個人都有，但不是每個人都可以用平淡的心來接受。我們也要明白這樣的道理，與其把寶貴的時間用在懼怕死之上，不如真切地思考怎樣好好地活著，把握得來不易的生命。

無論人們想與不想，人類的生命終究要走向終結，沒有人可以逃過這一劫。既然如此，為什麼不把生死看得更坦然？

死也是生命的一部分，因為只有死才有生。佛門講究生死輪迴，把一次生命的結束當作是另一段生命旅程的開始，宇宙萬物就是在這樣的生死中循環不息。

天地造化賦予人們生命的形體，讓人們勞碌度過一生。幾十年的忙碌以後，人們來到生命的最後，才會讓人們休息，死亡就是最後的安頓，這也是人們一生的描述。一個善待自己生的人，也一定會善待自己的死。

莊子有云：「故善吾生者，乃所以善吾死也。」這也是一個重要的結論。人們的生命綿長而死亡短暫，在漫長的生命中，怎樣活得更有意義，是人們不斷探索與思考的問題。一個人只有真正瞭解生命的意義和方向，才可以更好地活著。在活的過程中，將生命演繹得無比燦爛和美麗，才是真正懂得善待死亡的人。

生命究竟是什麼？釋迦牟尼或許可以給你啟示：

有一天，佛祖把弟子們叫到法堂前，想考驗弟子們的悟性。

佛祖問眾人：「你們說說，你們每天托缽乞食，究竟是為什麼？」

「世尊，這是為了滋養身體，保全生命啊！」弟子們不假思索地說。

佛祖點點頭，繼續問：「肉體生命到底可以維持多久？」

弟子們開始有不同的見解。

一個弟子說：「人類的生命在春夏秋冬之間，春夏萌發，秋冬凋零。」

佛祖笑著搖搖頭：「你察覺到生命的短暫，但是只看到生命的表象。」

弟子們面面相覷，一臉茫然。一個燒火的弟子怯生生地說：「依我看，人類的生命是在一呼一吸之間吧！」

佛祖聽後，連連點頭。

故事中各位弟子的不同回答，反映對生命的不同態度。有些人珍惜生命，希望生命可以長久，才可以享受更多榮華富貴。正是因為如此，才會有那麼多帝王將相苦尋長生之道，但是無論是誰，都無法改變生命最後會終結這個事實。世間的人們有貪欲，又有惰性，才會有那麼多爭名奪利的事情發生。人們又是積極向上的，才會有那麼多人珍惜時間，從來不鬆懈，卻身心俱疲地生活。

死亡是短暫的，人在活著的過程中要隨時更新自我，不眷戀舊我，不追悔往昔。只要瞭解生命的真諦，生命的長短根本不重要。想要讓自己的生命更精彩，我們理應在有限的時間裡，去努力綻放生命的花朵。

生死也是人生的一個大學問，只有一個真正善其身的人，才可以主宰自己的生命，才可以善其死。也正如王陽明所推崇的那樣：只要還有一絲貪生怕死的念頭，就難以心安，就難以致良知。

今使之「夭壽不二」，是猶以夭壽二其心者也。猶以夭壽二其心，是其為善之心猶未能一也，存之尚有所未可，而何盡之可云乎？

今且使之不以夭壽二其為善之心，若曰死生夭壽皆有定命，吾但一心於為善，修吾之身以俟天命而已，是其平日尚未知有天命也。事天雖與天為二，然已真知天命之所在，但惟恭敬奉承之而已耳。

在王陽明看來，現今要求人們不論長壽還是短命始終如一，是由於還有人因為壽命有長有短而心生雜念。因為壽命有長短之分而三心二意，說明他為善的心還不能始終如一，不能存養自己的良知，更談不上致良知。人們應該不因為壽命長短而改變為善之心，也就是說，生死夭壽都有定數，我們只需一心向善，修養我們的身心來等待天命的安排，這主要是因為人們還不知道天命。事天雖然尚未與天合而為一，但是已經知道恭敬地去承受天命。需要注意的是，這裡的為善不是指狹隘地做善事，而是指恢復內心純明的心體（即良知）。

然而，大多數人不明白這個道理，依舊存有貪生怕死的念頭，以長壽為樂，以短壽為苦，竭盡所能地想延長自己的壽命。也就是說，人們總是過於注重生命的長短，而忽略生命的過程。然而，**人生的意義不**

在於生命的長短，而在於體驗生命過程中的酸甜苦辣。

莊子在《逍遙遊》中說：「朝菌不知晦朔，蟪蛄不知春秋，此小年也。」意思是說，樹根上的小蘑菇壽命不到一個月，因此它不理解一個月的時間是多長；蟬的壽命很短，生於夏天，死於秋末，它不知道一年當中有春天和冬天。它們的生命都是短暫的，然而這些生命即使活了幾秒鐘也覺得自己活了一輩子，因為它們有自己的快樂。人生也是如此，既然我們無法掌握生命的長短，至少可以改變生命的寬度，讓生活變得更豐富多彩，變得更快樂。

相傳，老子騎青牛過函谷關，在函谷府衙為府尹留下五千言《道德經》，一個超過百歲但是鶴髮童顏的老翁到府衙找他。兩人在府衙前相遇，吸引許多人前來圍觀。

老翁對老子略略施禮，有些得意地說：「聽說先生博學多才，老朽有一個問題想向您討教。我今年已經一百零六歲，說實在話，我從年少時直到現在，一直是遊手好閒地輕鬆過日子。與我同齡的人都紛紛作古，他們開墾百畝沃田卻沒有一席之地，建造房舍屋宇卻落身於荒野郊外的孤墳。我雖然一生不稼不穡，卻還是吃著五穀；雖然沒有置過一磚一瓦，卻仍然居住在避風擋雨的房舍中。先生，我現在是不是可以嘲笑他們忙碌勞作一生，只是給自己換來一個早逝？」

老子聽了，微然一笑，吩咐府尹：「請找一塊磚頭和一塊石頭來。」

老子將磚頭和石頭放在老翁面前說：「如果只能擇其一，仙翁是要磚頭還是要石頭？」

老翁得意地將磚頭取來放在自己的面前說：「我當然選擇磚頭。」

老子撫鬚笑著問老翁：「為什麼？」

老翁指著石頭說：「這塊石頭沒稜沒角，取它何用？但是磚頭卻用得著。」

老子又問圍觀的眾人：「大家要石頭還是要磚頭？」眾人都紛紛說要磚頭而不要石頭。

老子又回過頭來問老翁：「是石頭壽命長，還是磚頭壽命長？」

老翁說：「當然是石頭。」

老子釋然而笑地說：「石頭壽命長，人們卻不要它；磚頭壽命短，人們卻要它，只是有用和無用而已。天地萬物莫不如此，壽命雖然短，於人於天有益，天人皆擇之，皆念之，短亦不短；壽命雖然長，於人於天無用，天人皆摒棄，倏忽忘之，長亦是短。」

老翁頓然大慚。

在老子看來，生命不在於長短，而在於有意義與否。王陽明認為，生命的意義就在於一心為善，保有自己純明的良知。

也就是說，一生庸碌和畏縮而活的人，不如活得有意義的人。只要生命曾經綻放過光芒，這一生就已經值得，生死也無關緊要。活到一百歲和活到三十歲，根本上沒有什麼差別。雖然前者多活幾十年，後者少活幾十年，但這只是人們觀念上的感覺與執著，對於瞭解生命意義和明白宇宙真諦的人來說，即使存在時間很短也不覺得遺憾。正如王陽明告誡人們的那樣：「當生則生，當死則死，斟酌調停，無非是致其真知，以求自慊而已。」

珍重江船冒暑行，一宵心話更分明。
須從根本求生死，莫向支流辯濁清。
久奈世儒橫臆說，競搜物理外人情。
良知底用安排得？此物由來自渾成。

王陽明在《次謙之韻》一詩中，感嘆越來越多的人想要從身外之物中尋求生死的道理，自古以來的帝王將相執迷於長生不老藥就是如此。忽略從自己本身的良知去尋獲生死的真諦，實在是捨本逐末啊！人們之所以害怕死亡，是因為人們將死亡當作一次未知的不可掌握的旅程，其實這就是人們渴望擁有和害怕失去的欲望在作怪。

莊子曾經講過一個故事：麗姬原本是一個民女，因為皇宮選宮女，她被選中，最後成為皇后，享盡榮華富貴。她在回想當初被選中的情景時說，那個時候她在家裡哭得一塌糊塗，現在看來反而覺得當初自己是多麼愚蠢和無知。

莊子藉由麗姬的典故來比喻人們對待生死的態度，人們懼怕死亡就像麗姬當初懼怕進宮一樣，既然我們不知道死亡之後會發生什麼，又何必面對死亡而哭泣？

清朝順治皇帝曾經說：「未曾生我誰是我？生我之時我是誰？長大成人方是我，合眼朦朧又是誰？」還沒有出生當然不知道自己是誰，從娘胎呱呱落地的那一刻知道自己是誰嗎？唯有慢慢長大以後才清楚地意識到這個「我」的存在，等到往生閉上眼睛以後，請問自己又是誰？

在佛家看來，死去的只是人們的軀殼，真正的生命是綿延不斷的。人們有生老病死，所以「生，未嘗可喜；死，未嘗可悲」，這就是佛教對於生死的看法。

佛陀的弟子總是問佛陀：「佛死了以後到哪裡？」佛陀總是微笑，保持沉默。

但是這個問題一次又一次被提出來，於是佛陀對弟子說：「拿一支蠟燭來，我會讓你們知道佛死了以後到哪裡。」

弟子急忙拿來蠟燭，佛陀說：「把蠟燭點亮，然後拿來靠近我，讓我看見蠟燭的光。」弟子把蠟燭拿到佛陀面前，並且用手遮掩，害怕火被風吹滅，但是佛陀訓斥弟子：「為什麼要遮掩？應該滅的就會滅，遮掩是沒有用的。就像死，同樣也是不可避免的。」

佛陀吹滅蠟燭，然後說：「有誰知道蠟燭的光到哪裡？它的火焰到哪裡？」所有弟子都說不出來。

佛陀說：「佛死了就像蠟燭熄滅，蠟燭的光到哪裡，佛死了以後就到哪裡，和火焰熄滅是相同的道理。佛死了，他也消滅了。他是整體的一部分，他和整體共存亡。」

佛陀的用意在於告誡世人：死亡就是死亡，想那麼多做什麼？

在此，我們不由得想到德國哲學家海德格的著名論斷：向死而生。對於一個生命群體來說，它的死，是為了更好地新生。新陳代謝，舊的和老的死去，換來新的和進步的誕生。從這個意義上說，這個死不是無謂的，而是有價值和有意義的死，是為了更好地新生的死。

從哲學意義上說，生就是向死而生，死就是向生而死。一個生命死了，很快就有另一個生命來到世間，生生死死，綿綿不絕，正如「沉舟側畔千帆過，病樹前頭萬木春」。

如果用超脫的態度去面對死亡，把死亡當作再生的機會，人生只是重來一回，就可以減輕生活的壓力，活得逍遙自在，就可以對生死無所畏懼。

古希臘哲人伊比鳩魯認為：「一切善惡凶吉都在人們的感覺中，死亡只是感覺的喪失。所以，死亡事實上與我們的感覺無關，因此無須恐懼死亡。」

第十五章：此心光明耀天下——談圓滿

儒家的人生觀，是要探求生命的本質，追問「人類存在的意義是什麼」這個問題的終極意義。王陽明心學的「致良知」，也是一個不斷探索的過程。正是因為王陽明悟道，認識到生命存在的真實意義，才可以在逝去的時候笑著說：「此心光明，亦復何言？」如果人們可以踏實地根據自己的良知來行事，就可以安穩地享受生命的喜悅和滿足。

虛靈不昧，眾理具而萬事出。心外無理，心外無事

王陽明認為，讓心空靈而不糊塗，各種道理存於心中，萬事萬物就會呈現出來。這其實是說，在人的本心之外沒有什麼天理，離開人的本心也就沒有事物。

佛家經常勸誡世人：想要讓心靈充盈歡樂，首先要讓心靈清明空靈，拂拭心上的積塵，不為外物所動，不以物喜，不以己悲，拋卻人生的煩惱和苦痛，才可以悟得空空大道，獲知歡樂幸福的人生境界。

無論是王陽明的「空」，還是佛家的「空」，都不是一無所有的虛空，而是包含極其深刻的意義，即王陽明所說的讓心空靈而不糊塗。一方面，「空」是指萬事萬物都是處在永恆的變化中，因此要求我們達到一種無我——消除個人私欲的境界；另一方面，「空」也是「不空」，無論是儒家聖人還是佛學大師都講究點化世人和普渡眾生，因此它是一份救世的事業。由此看來，「空」的意義在於讓我們以無我的精神去從事世間的各種事業。

你說它沒有用，它卻可以產生作用。「空」也是如此，「空」好像什麼都沒有，其實它存在於宇宙世間，並且可以包含萬物。

佛陀在靈山會上，出示手中的一顆隨色摩尼珠，問四方天王：「你們說說看，這顆摩尼珠是什麼顏

色？」

四方天王看後，各說是青、黃、紅、白等不同的色澤。

佛陀將摩尼珠收回，張開空空的手掌，又問：「我現在手中的摩尼珠又是什麼顏色？」

四方天王異口同聲地說：「世尊，您現在手中一無所有，哪有什麼摩尼珠？」

佛陀說：「我拿世俗的珠子給你們看，你們都會分辨它的顏色，但是真正的寶珠在你們面前，你們卻視而不見，這是多麼顛倒啊！」

佛陀的手中雖然空無一物，但就像蘇軾的詩句所說：「無一物中無盡藏，有花有月有樓台。」正是因為「空無」，所以具有「無限的可能性」。佛陀感嘆世人「顛倒」，因為世人只執著於「有」，不知道「空」的無窮妙用，總是被外在和有形的東西所迷惑，看不見內在和無形的本性和生活，那才是最寶貴的明珠。

有人說：「空是佛教的X光。」其實，這句話應該改為「空是人生的X光」，因為宇宙世間的任何一樣東西，都要經過「空」加以透視，然後才可以體認它的本來真相。

空，是從內心深處擺脫周遭的羈絆，進入心無旁騖的至高境界；是踏上心靈的解脫之路，內心感受到的萬物就會遠遠超過自己視線範圍內的一切。此時的內心，呈現的是一種空無的狀態，也就是王陽明所說的空明之心。空，才可以容萬物。運用到生活中，即使是人與人之間的交往，也需要給彼此一定的空間，才可以暢所欲言而和平相處。與其用金錢權力和名譽地位將內心滿滿地填充，為何不乾脆全部放下，將心騰空，獲得心靈的自由和解脫？因此，**普通人如果可以拋開雜念，使內心純淨空明，即使才能有高下之分，也可以成為聖人。**

或問：「釋氏亦務養心，然要之不可以治天下，何也？」

先生曰：「吾儒養心，未嘗離卻事物，只順其天則自然就是功夫。釋氏卻要盡絕事物，把心看作幻相，漸入虛寂去了，與世間若無些子交涉，所以不可治天下。」

有人問：「佛家也務求養心，但是它不能用來治理天下，為什麼？」

王陽明回答：「我們儒家提倡養心，但是從來都沒有脫離具體的事物，只是順應天理自然，那就是功夫。佛家卻要全部斷絕人間事物，把心看作是幻象，慢慢地進入虛無空寂之中。他們與世間再也沒有什麼聯繫，因此不能治理天下。」

心學作為心性儒學，最不同於其他儒學者的，在於其強調生命活潑的靈明體驗。看似與佛學的心法修教十分相似，但是佛學只求出世，心學則是用出世之心做入世之事，即儒學所說的「內聖外王」。縱觀王陽明的一生，平國安邦、著書立說、馳騁騎射，全無中國文人的懦弱單薄。他動靜兼入極致，頓悟深遠，知行合一，於平凡中展現偉大，以入世中明見其出世的心境。由此看來，王陽明的一生嚴格奉行自己提出的「把我們的良知應用到萬事萬物上」的理念，最終將心學發揚光大，使越來越多的人獲得心靈歡欣的智慧。

有一個縣令長期聽王陽明講學，他遺憾地對王陽明說：「先生的學說實在很好，只是我平時要處理的事務繁多，沒有時間去深入研究先生的學問。」

王陽明聽了，教導他：「你既然要處理案件，就在處理案件上做學問，這樣才是真正的『格物』。例如：你在審理案件的時候，不能因為當事人回答無禮而發怒，不能因為當事人言詞委婉周密而高興，不能因為當事人說情而心生厭惡甚至故意懲罰他，不能因為當事人哀求就屈意答應他，不能因為自己事務繁雜而隨便斷案，不能因為別人羅織罪名毀謗陷害而按照他們的意願處治。如果你可以認真反省體察克己，唯恐心中有絲毫的偏私而錯判是非，你就已經是在實踐我所講的致良知，哪裡還需要另外花時間來研究我說的那些學問？總之，處理事務和審理案件都是實在的學問，如果脫離具體事物去做學問，反而會落空。」

可見，只要我們不存私心，踏實地做好手中的每件事情，就已經是在致良知。

有一個鞋匠每天都要經過不同城鎮，修補各式各樣的鞋子，十幾年下來，所經手的鞋子有高級貨也有便宜貨，有客氣的顧客也有故意刁難的無賴。但是這麼多年以來，這個鞋匠無論遇到什麼事情，都認真地完成自己的工作。他以此為樂，生活雖然過得很清貧，但是他依然很快樂。

每當有人和他說「用不著這樣，修鞋嘛，可以穿就好，幹嘛那麼認真」等類似的話，這個鞋匠總是這樣說：「這樣一來，我無法面對自己，生活也沒有意思。你說，我怎麼會快樂？」

這個平凡的鞋匠就是一個擁有純明良知，而且懂得將自己的良知應用到萬事萬物上的人，因而才會風雨無阻並且認真地修補每雙鞋。只為了可以「面對自己」，所以他是快樂的。

王陽明又何嘗不是如此，他透過對萬事萬物的體驗而提出「良知」和「致良知」的修心之說。在良知與致良知上，他更看重後者，認為不講學，聖學不明，因而成為當時最「多言」的人。他透過講學、研討、撰寫詩文、通信等方式，廣為傳播文化，培養和造就一大批文化精英。正是因為他把自身的良知應用到萬事萬物上，才得以將心學發揚光大，幫助更多的人尋求心靈的安寧與喜悅。這種引領萬事萬物共同成長的行為，正是修心的最高境界。

問上達功夫。

先生曰：「後儒教人，才涉精微，便謂『上達』未當學，且說『下學』，是分『下學』、『上達』為二也。夫目可得見，耳可得聞，口可得言，心可得思者，皆『下學』也。目不可得見，耳不可得聞，口不可得言，心不可得思者，『上達』也。如木之栽培灌溉，是『下學』也，至於日夜之所息，條達暢茂，乃是『上達』，人安能預其力哉？故凡可用功、可告語者皆『下學』，『上達』只在『下學』裡。凡聖人所說，雖極精微，俱是『下學』。學者只從『下學』裡用功，自然『上達』去，不必別尋個『上達』的功夫。」

弟子陸澄向王陽明求教參悟天理的功夫。

王陽明回答：「後世儒生教人，才涉及精微之處，就說不應該學參悟天理的功夫，只學一些簡單的基礎知識和思想方法，於是將『上達』和『下學』分開。眼睛看得見、耳朵聽得到、嘴巴說得出、心裡想得到的，都是『下學』；不能用眼睛看到、耳朵聽到、嘴巴說出、心裡想到的，就是『上達』。例如：樹木的栽種，都是屬於『下學』，至於樹木的生長，就是『上達』，不會被人力干預。可以用功學到的、用言語告知的，都只是『下學』，『上達』只存在於『下學』之中。聖人談到的道理雖然極其精微，也只是『下學』而已。學者只要在『下學』的功夫裡用功，就可以達到『上達』的功夫，不需要在其他地方去尋求『上達』的功夫。」

其實，說得簡單一點，「下學」是指人們日常生活中所做的小事，「上達」是指人們良好的修養。在王陽明看來，如果人們可以認真對待生活中的每件小事，盡心盡力地做好每件小事，就可以因小成大，修練超凡脫俗的個人修養，獲得幸福與成功。

以下是卡菲瑞先生回憶比爾‧蓋茲小時候而寫下的文字：

一九六五年，我在西雅圖景嶺學校圖書館擔任管理員。有一天，同事推薦一個四年級學生來圖書館幫忙，並且說這個孩子聰穎好學。不久，一個瘦小的男孩來了，我先給他講述圖書分類法，然後讓他把已經歸還圖書館卻放錯位置的書放回原處。

男孩問：「就像是當偵探嗎？」我回答：「當然。」接著，男孩不遺餘力地在書架的迷宮中穿來插去。午休的時候，他已經找出三本放錯位置的書。第二天他來得更早，而且更不遺餘力。做完一天的工作以後，他正式請求我讓他擔任圖書管理員。又過了兩個星期，他突然邀請我到他家做客。

吃晚餐的時候，男孩的母親告訴我他們要搬家了，搬到附近一個住宅區。男孩聽說轉學卻擔心起來：

「我走了以後，誰來整理那些排錯隊的書？」

我一直惦記這個孩子，結果沒過多久，他又在我的圖書館門口出現，並且欣喜地告訴我，那裡的圖書館不讓學生擔任管理員，媽媽把他轉回我們這裡來上學，由他爸爸用車接送。「如果爸爸不帶我，我就走路來。」其實，我當時心裡就應該有數，這個孩子決心如此堅定，又會為人著想，天下無不可為之事。但是我沒有想到他會成為資訊時代的天才、微軟電腦公司大亨、美國巨富——比爾・蓋茲。

從這個故事中我們可以看出，比爾・蓋茲在對待圖書館工作這樣的小事上，已經表現出一種超越同齡人的責任心，難怪他可以在資訊時代叱吒風雲。

吉祥上師曾經說：**「一個人想要成功，就要從簡單的事情做起，不願意做小事的人，很難成就一番事業。」**生活中，總是有人覺得自己可以做一番驚天動地的事業，那些細瑣小事不應該去理會，而且替自己開脫的理由也顯得理直氣壯——「成大事者不拘小節」。但是這些人似乎忘記一點，聚沙成塔、積水成淵，很多叱吒風雲的人物，都是從簡單的小事開始做起。他們與我們不同的只是面對小事的態度，在他們看來，他們做的事情並非小事，而是修養心性和獲取人生幸福的大事，也就是王陽明所說的致良知的人生大事。

汲古閣 10

王陽明的心學

作者　廖春紅
美術構成　騾賴耙工作室
封面設計　斐類設計工作室
發行人　羅清維
企劃執行　張緯倫、林義傑
責任行政　陳淑貞

企劃出版　海鷹文化
出版登記　行政院新聞局局版北市業字第780號
發行部　台北市信義區林口街54-4號1樓
電話　02-2727-3008
傳真　02-2727-0603
E-mail　seadove.book@msa.hinet.net

總經銷　知遠文化事業有限公司
地址　新北市深坑區北深路三段155巷25號5樓
電話　02-2664-8800
傳真　02-2664-8801

香港總經銷　和平圖書有限公司
地址　香港柴灣嘉業街12號百樂門大廈17樓
電話　（852）2804-6687
傳真　（852）2804-6409

CVS總代理　美璟文化有限公司
電話　02-2723-9968
E-mail　net@uth.com.tw

出版日期　2021年06月01日　三版一刷
　　　　　2023年07月20日　三版八刷
定價　350元
郵政劃撥　18989626　戶名：海鴿文化出版圖書有限公司

國家圖書館出版品預行編目（CIP）資料

王陽明的心學：一生伏首拜陽明 ／ 廖春紅作.
-- 三版. -- 臺北市 ： 海鴿文化，2021.06
面 ； 公分. --（汲古閣；10）
ISBN 978-986-392-380-0（平裝）

1. 修身　2. 生活指導

192.1　　110007380